建筑师唐葆亨

The Architect Tang Baoheng

蒋纹 著

中国林业出版社

建筑师 唐葆亨

The Architect Tang Baoheng

序

彭一刚

2013年11月于天津大学

近接浙江省建筑设计研究院来函，表示要为该院顾问总建筑师唐葆亨先生出版专辑，并请我为之作序，我欣然允诺，而且倍感荣幸。浙江省建筑设计研究院在全国各大设计院中享有很高声誉，这和唐葆亨先生的贡献是分不开的，从某种意义上讲，他几乎把毕生精力都奉献给了浙江省院。

唐总出生于1927年，长我五岁，是我们这代人的老学长。由于长期担任浙江省建筑设计研究院的总建筑师，通常都称他为唐总。按建筑界的排辈，他应介于第二代和第三代建筑师之间，故而担负起承前启后的作用。他于1951年毕业于中国美术学院，有着很高的艺术修养，这在老一辈建筑师中可能是为数不多的。

我大学毕业，走上工作岗位后不久，就听到过他的大名，但接触比较多的还是在1986年赴日本，参加日本建筑学会成立100周年纪念活动之后。说来很奇怪，我们初次见面就倍感亲切，一见如故，这大概就是人们常讲的

“缘分”吧。在这次见面时他就表示：今后若有合适的项目，一定来我院合作。时隔不久，果然接到他的邀请，请我和聂兰生教授一起到浙江，主持一个以农家乐为主题的风景旅游区规划。该项目位于富阳境内富春江中的一个岛上，风景十分秀丽，这引发了我们创作的激情，并投入了很大的精力。遗憾的是，由于资金不能落实，最终未能付诸实施。

唐总之所以邀请我们参加农家乐风景旅游景区的规划设计，主要目的还在于共同探索传统地域文化建筑风格在当下设计中的运用，项目虽然受挫，但唐总在这方面探索与追求始终不渝。又过了一段时间，在唐总的关注和悉心指导下，浙江省院完成了多项具有江南水乡特色的工程项目绍兴饭店的改建工程就是一例。他曾亲自陪同我去参观，虽然工程尚未完工，但一股浓郁的浙江居民风蕴展现在我们的眼前。

唐总除工程实践外，还著文多篇，论述有关浙江地区的民居建筑及传统地域文化。其中影响较大的有：“浙江地域的传统和建筑形式”“江南水乡城市绍兴——传统与现代建筑的交融”等。这些论述对于在建筑创作中如何汲取传统建筑文化，都起到了很大的推动作用。

钟情于传统建筑文化只是唐总的一个方面。作为大院的老总，他还是要面对现实的。在面对现实、面对现代、面对创新方面，唐总一直是激情满怀。印象最深的是他主持设计的浙江省体育馆。该馆建成于二十世纪六十年代初，就当时情况而言，应是国内大型体育馆建筑中首次采用双向悬拉结构，外观呈马鞍形，它不仅忠实地表现了结构的力学性，而且很好的满足了建筑使用功能的要求，尤其是那新颖的形式，得到了业内人士的一致好评。其他如杭州西子国宾馆一期工程、杭州饭店小会堂、杭州剧院等项目的设计，在国内建筑界也都获得了一致的好评。

特别值得称道的还是唐总的行事和为人。他处事低调，为人谦和，可以说这是业内人士对唐总共同的赞许。如果说“与人奋斗其乐无穷”是职业革命家推崇的一种斗争精神的话，那么，唐总却恰恰相反，无论何时何地，唐总总是笑容可掬、慈眉善目，就是对晚辈后生尽管要求非常严格，但也是循循善诱、关爱有加。因此，他有很强的凝聚力，大家都愿意团结在他的周围，把工作做得好上加好。

唐总的爱才也是有目共睹的。在他担任总建筑师期间，经常向我询问是否有设计能力较强的毕业生愿意去浙江省设计院工作，天津大学建筑学院也确实有几位校友在那里干得不错，他们都非常感谢唐总对他们的关爱和培养。

由于我们身居异地，我每次南下杭州都来去匆匆，所以，对于唐总的作品，难以尽情赏析，前面提到的几个案例，只能挂一漏万。谨以此为序。

序

钟训正

2014年8月于南京工学院

在全国所有的建筑院校中，与我系关系最为融洽、对我系帮助最大的要算浙江省建筑设计院，几乎所有业务上的领导与我系的关系可说是亲密无间。唐葆亨、董孝论、景政治、许安之等都可说是我们的良师益友，特别是唐总，虽然他比我只大一岁多，却是我所崇敬的兄长。记得有几次全国性的会议，我们俩很自然地同居一室，除了对我生活上的关怀还经常敞开胸怀，讲工作上的趣闻逸事。从对他的接触上，他总是那么和蔼可亲，似乎没有一点脾气，但是他处理一切事务还是很有原则的，这种原则性又从不带有声词厉色，总令人心悦诚服。与他在一起，生活和工作都会充满乐趣。浙江省院成员在生活和工作上如此融洽，唐总可说是起了很大作用。

在设计业务上，唐总曾交给我一项设计任务，那就是杭州胡庆余堂中药保健旅游中心规划和建筑设计，我们在校外租房日夜从事工作，唐总后来曾带一组人来宁研讨方案和指导，我们也尽心尽力完成了任务，虽然最后设计任务未曾落实，但也在杭州的一个学术会上作了交流，获得了好评。

唐总于1951年毕业于中国美术学院，艺术功底自然深厚，建筑艺术修养也较高超。在工程技术上也很有造诣，他所设计的浙江体育馆在造型、结构和功能上在国内当时可说是首屈一指。他在现代传统风格的创新上也颇有建树，如绍兴饭店的设计即是其中一例。在他领导下的浙江民居调查研究，为建筑设计上开创现代传统风格起了很好的引导和促进作用，他进而进行华东传统民居建筑甚至扩大到对全国民居的研究，也都取得了丰硕的成果。

唐总在为人、处世以及对祖国建设的贡献上，可说是建筑界的典范。

钟训正

2014.8于南京工学院

目录

唐葆亨

唐葆亨少年时期

少年时期

唐葆亨

1945

少年时期

1927年9月，唐葆亨出生于浙江兰溪，家中排行老二。

兰溪位于衢江、金华江汇合处，是浙中水路要冲之地，“上通闽、广，下达吴、会”。民国初年，兰溪的商业发展达至顶峰，城内店肆密集，城外商船林立，一派“日对千舟竞发，夜照万户明灯”的繁华景象。由于当时兰溪的经济超越了府治金华，民间有“小小金华府，大大兰溪县”之说。

商业的繁荣促进了金融业的繁荣，这时的兰溪除了中国银行、交通银行以及地方银行外，还有十多家私营钱庄，其中最有影响力的一家，为泰亨钱庄。

唐葆亨的父亲唐寿赓是泰亨钱庄的创始人，在兰溪商界有很高的威望，人们称唐公“尤为翘楚，执金融牛耳”。他十分重视教育，曾资助创办兰溪私立担三初级中学（兰溪第一中学前身）。他对孩子们的学习非常严格，上学之外，他还聘请私塾先生，每晚为孩子们补习国文。唐寿赓早年白手起家，辛苦创业，他希望两个儿子好好读书，日后能继承自己的家业。大哥葆堃勤奋好学，成绩优异，是父亲引以为豪的儿

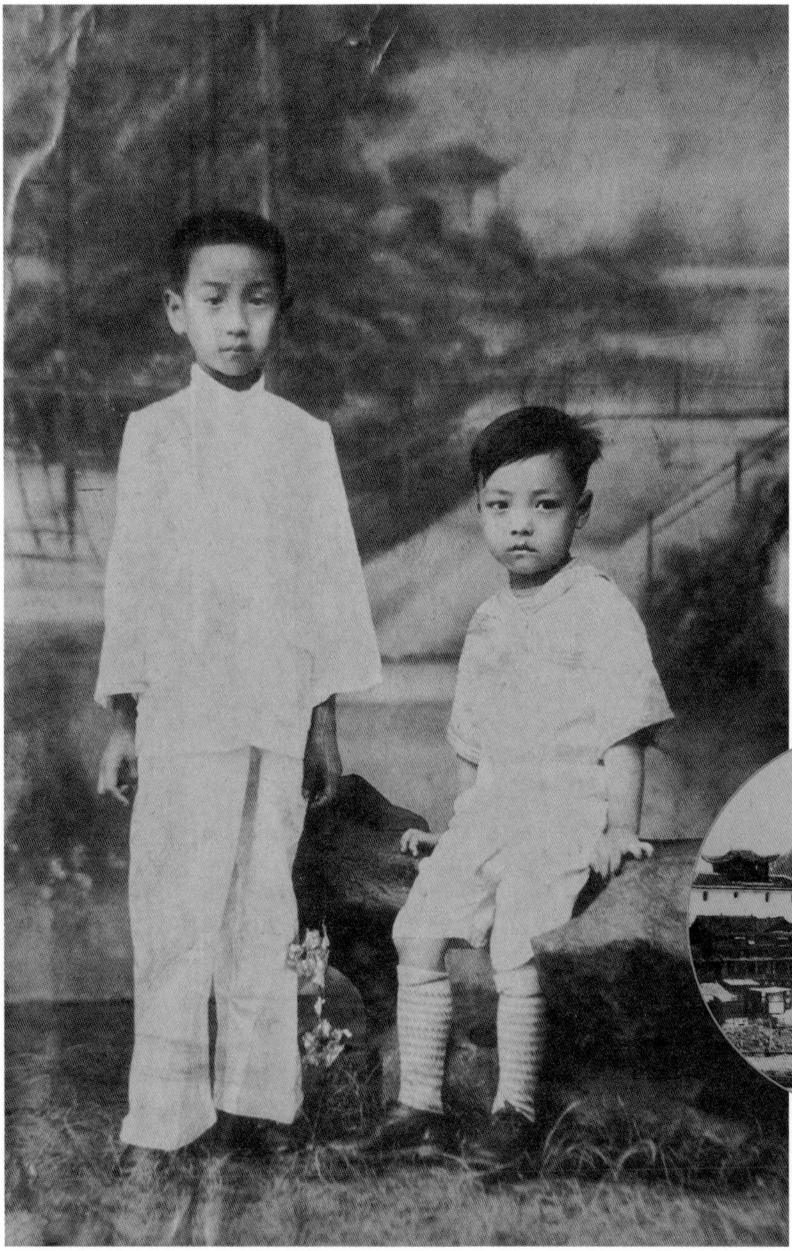

•民国初年的兰溪
（兰溪市档案局提供）

•1934 年，唐葆亨（右）和大哥唐葆堃　浙江兰溪

子；弟弟葆亨刚上小学，正是顽皮而贪玩的年龄，含混晦涩的文言文令他头痛，常常因背不出古文挨先生罚，而惹父亲生气。

母亲陈杏花是一位家庭主妇，她宽厚仁慈，无论葆亨怎么淘气，总能躲过严厉的父亲，从母亲那里得到庇护。母亲温良恭俭的性格也从这个时候开始影响葆亨。

父亲的一位同仁擅长国画，年幼的唐葆亨总是兴致勃勃地在一边看他作画，先生很喜欢这个小朋友，发现他在绘画上悟性极高，一教就会，一点就通。他开始教葆亨画画。这位日后的建筑大师，在这位国画爱好者的画几上，开起了他的艺术启蒙。葆亨勤奋学画，而当时在父亲眼里，这只是“不务正业”的儿戏。

1937 年，日本侵华战争爆发，繁华的兰溪县城成了日本飞机轰炸的目标。当日本战机向兰溪扔下第一颗炸弹的时候，葆亨正在学堂里上课，听见爆炸声，好奇地跟着先

•少年唐葆亨

•1937 年，唐葆亨（右）与母亲、哥哥和妹妹合影浙江兰溪

•兰溪大云山能仁塔，始建于宋平治初年，明嘉靖年间倒毁重建（图片来源：金华新闻网）

生一起跑，先生想着如何保全师生性命，心急如焚；葆亨却为今天终于不用背书暗暗高兴。抗战爆发前，葆亨家境富裕，又有父母的关爱和长兄的呵护，他的童年是温馨而愉快的。

1942 年初，为避免日军将“能仁塔”作为指示目标轰炸兰溪，驻守兰溪的国军六十三师拆除了兰溪地标建筑“能仁塔”。兰溪居民在惊恐中纷纷逃离县城。唐葆亨也随亲人一起弃家别舍，匆匆逃往乡下。5 月 28 日，兰溪县城沦陷。

能仁塔被拆，给葆亨留下了无法磨灭的印记。在他的记忆中，随着这座兰溪县城标志性建筑的突然消失，他无忧无虑的童年从此结束，紧随其后的就是颠沛流离、食不果腹的日子。

多年以后，当建筑师唐葆亨听说，因为“城市建设”的原因，拆掉了兰溪西门的古城楼时，他痛心不已。建筑是城市的记忆、是文化的载体、是游子心里最温暖的怀念。1942 年兰溪遭遇国土的沦陷，而此时，他感到的是一种文化的沦陷。这种切肤之痛，成为他日后建筑思想形成的最深层的因素。

这么小的日本国，居然能一直打到家门口。东躲西藏的逃亡生活让少年唐葆亨深深地感受到弱国的悲哀，他觉得必须要倾自己的全力，发奋读书，长大为祖

•兰溪西门古城楼（兰溪市档案局提供）

国效力。然而此时的兰溪，已经放不下一张平静的书桌。

没有教室，没有黑板，没有电灯，逃亡中的唐葆亨和兰溪担三中学的师生们，白天在乡下各种各样的房子里上课，晚上在青油灯下，借着萤火虫般的亮光看书。在家乡沦陷的三年里，唐葆亨逃着空袭的炸弹，躲着日本兵的扫荡，冒着中日交战的炮火，辗转西姜、双牌等地，完成了他的初中学业。1946 年初的兰溪还没有高中，唐葆亨取得了家乡兰溪可以授予的最高学历。

抗战胜利后，唐葆亨一家回到兰溪县城，当初温馨殷实的家已被洗劫一空，连墙都被拆了，家徒四“柱”，像一座凉亭。日军的入侵毁了唐家全部的家产和家业，也毁了战前仅存的金融秩序，钱庄不能再开了，年逾花甲的唐寿赓面临“二次创业”，再次白手起家。

唐寿赓是一位商业奇才，在战后短短的时间里，又成功地经营了自己的商业公司。大哥唐葆堃也成了父亲的得力助手。在父亲的眼里，大儿子聪明能干，可以继承父业，在商界有所作为；而小儿子连打算盘都不好好学，对家族的生意也毫无兴趣，完全不是经商的料。

此时，大哥也向往去省城继续读书，但是由于父亲年事已高，作为长子，他必须担负起家族的责任，留在兰溪帮助父亲照料生意。

至今，唐葆亨对大哥还是心存感谢，如果不是大哥的担当，兰溪可能会多一个蹩脚的商人，而中国却会少一位优秀的建筑师。

18 岁的唐葆亨告别了父母，坐上了驶往杭州的水路客轮。兰溪距离杭州 200 公里，今天在高速公路上行驶两个小时就能到达，但是，在民国 34 年，这位少年学子在船舱里沿江飘摇两天一夜，才能到达“遥远”的省城。

唐葆亨初到杭州，就读杭州宗文中学。宗文中学当时已有一百多年的历史，是一座很好的高级中学，曾经培养出戴望舒[1]、张天翼[2]等名流大家。然而这位酷爱画画的青年，他内心真正向往的却是杭州的“国立艺专”。

1. 戴望舒 (1905—1950 年) 浙江杭州人，中国现代派象征主义诗人，翻译家。代表作有《雨巷》《寻梦者》《单恋者》《烦忧》等，诗集《望舒草》《灾难的岁月》等。

2.张天翼 (1906—1985年) 祖籍湖南，出生于南京，中国现代著名作家。代表作有童话《大林与小林》《宝葫芦的秘密》《秃秃大王》，小说《华威先生》《鬼土日记》等。他的童话在儿童文学史上占有重要位置。

•1945 年唐葆亨（左）和大哥唐葆堃

•唐葆亨的全家福（后排右二为唐葆亨）

唐葆亨青年时期

青年时期

唐葆亨

1958

青年时期

二十世纪四十年代，中国的建筑学教育已经形成了一个相对稳定的局面。当时建筑学主要分为工学和美学两个体系。工学建筑主要以中央大学（今东南大学）的建筑系为代表，美学建筑则以刘既漂[1]创建的国立杭州艺术专科学校的建筑专业为代表。

刘既漂毕业于巴黎大学建筑系，是中国建筑艺术运动的先驱之一，曾主持设计1929年西湖博览会建筑。1928年，受林风眠[2]先生之聘，刘既漂担任"杭州国立艺术院"(1929年改名为国立杭州艺术专科学校)图案系主任，授命筹建建筑专业。

刘既漂秉承了蔡元培[3]先生的美育教育的办学理念，他认为建筑是民族个性的表现，中国需要采用西方的教学方法，培养自己的建筑师，来传承中国建筑的民族性。

虽然唐葆亨从未见过刘既漂，但是，在这种教育理念的秉承下，教育的目标如此成功地传递给了唐葆亨，竟让他用毕生的精力去探索中国建筑的民族性。

最初吸引唐葆亨的是“国立艺专”的大师们，潘天寿[4]、林风眠、吴茀之[5]、关良[6]等，其中任何一位先生，都足以吸引他前往，更何况这里群星荟萃。“国立艺专”是少年唐葆亨梦寐以求的圣殿。但是抗战期间，学校西迁重庆。“艺专”成了唐葆亨一个远不可及的梦。

1946年抗战胜利，“艺专”迁回杭州，开始向社会招生。唐葆亨得知这一消息兴奋不已，立刻前去报考，这一天，他等了很久。幸运总是眷顾那些有准备的人。唐葆亨如愿以偿，当年就考入了“国立艺专”。

唐葆亨奔着学画去报考“国立艺专”，然而他却发现，艺专有一个叫“建筑设计”的专业更接近他的理想，没有哪个专业能像建筑设计这样，把他的爱好和他的理想结合得如此完美，他对绘画的喜爱变成对职业的期待。

在二十世纪之前，我国并没有“建筑师”，“建筑”也没有自己独立的学术分类，与建筑相关的“考工”都被归为“典章制度”。像《营造法式》，这部被誉为“中国古代建筑宝典”的书籍，是作为一种制度，而不是技术。建筑形式由型制决定，由工匠实施建造，这些“泥

1. 刘既漂（1901—1992年）广东梅州人，中国近代建筑设计教育启蒙家，就读于巴黎国立美术专门学校及巴黎大学建筑系。他最早将欧洲风格引入中国图案体系。杭州国立艺术院成立时担任图案系主任。主要设计作品为1929年西湖博览会建筑。

2. 林风眠（1900—1991年）广东梅州人，现代画家、美术教育家。19岁赴法勤工俭学。他先在蒂戎美术学校进修西洋画，后转入巴黎国立高等美术学校。1925年回国后任北平艺术专科学校校长兼教授。1928年在杭州创办国立艺术院并任院长。代表作品《春晴》《江畔》《仕女》《山水》等。著有《中国绘画新论》《林风眠画集》等。他锐意革新艺术教育，提出了“提倡全民族的各阶级共享的艺术”等口号。他提倡兼收并蓄，调和中西艺术，并身体力行，创造出富有时代气息和民族特色的、高度个性化的抒情画风，为中国现代绘画提供了切实可行的发展思路和风格典范，也是20世纪实践中西文化融合具有革新开拓精神的先驱，是中国现代绘画史上的一代宗师。

3. 蔡元培（1868—1940年）浙江绍兴人，教育家、政治家。“中华民国”首任教育总长，1916年至1927年任北京大学校长。民国初年主持制定了中国近代高等教育的第一个法令——《大学令》。北伐时期，国民政府定都南京后，他主持教育行政委员会、筹设“中华民国”大学院及中央研究院，主导教育及学术体制改革。1928年至1940年专任中央研究院院长，贯彻对学术研究的主张。他是中国近现代美育的倡导者，倡导以军国民教育、实利教育为急务，以道德教育为中心，以世界观教育为终极目的，以美育为桥梁的“五育并举”的教育方针。这五项相辅相成，相融相通。美育不仅包括绘画、雕刻、建筑等方面，这是一种广义的“大美育观”，应用美学原理于教育，以陶养感情为目的。1928年，创办国立艺术院，以弘扬民族文化，融合中西艺术，创造时代艺术为办学宗旨。

4. 潘天寿（1897—1971年）浙江宁海人，画家、教育家。1915年考入浙江省立第一师范学校，师从经亨颐、李叔同等人。其写意花鸟初学吴昌硕，后取法石涛、八大。著有《中国绘画史》《听天阁画谈随笔》等。1944年至1947年，任国立艺术专科学校校长。他认为中外美术的混交，可以促进美术的灿烂发展，但他自己的创作却毕生坚持中国传统的风格。潘天寿的作品落笔大胆，点染细心。墨彩纵横交错，构图清新苍秀，气势磅礴，趣韵无穷。是中国画的一代宗师。

•张眺 •李可染 •张天翼 •郁达夫 •李苦禅 •李朴园 •李超士

•湖山清明（中国美术学院提供）1928年一代教育家蔡元培先生率林风眠、潘天寿众位师生在杭州西湖孤山，独树美育代宗教以改造中国之宏愿，拉开中华现代艺术教育之帷幕

·潘天寿 ·蔡元培 ·林风眠 ·林文铮 ·蔡威廉 ·刘开渠 ·李树化 ·吴大羽 ·李金发 ·方干民 ·三排右一 刘既漂 ·二排右一 雷圭元

瓦匠”以家传口授的方式传艺，成为我国建筑体系的主力军。

1910年代，随着留洋学习建筑设计的留学生学成归国，中国才开始有自己的建筑师。以柳士英[7]、梁思成[8]、刘既漂等为代表的第一代建筑师，兴办建筑教育，开始培养现代意义的职业建筑师。

然而，1940年代的中国，“建筑师”还是一个新鲜稀罕的职业称谓，唐葆亨的家人都不能理解，读了这么多年书，唐葆亨为什么要选择做“泥瓦匠”。

这位“泥瓦匠”入学的第一课是学习绘画，素描老师叫赵无极[9]。赵无极后来成为全球身价最高的华人艺术家，当时他还是一个年轻的教师。赵老师授课极为严谨，对学生的素描作业十分严格，每一张画都要求轮廓准、层次多，必须画细画深，决不允许学生马虎偷懒。赵老师为唐葆亨打下了非常扎实的绘画基础。但是唐葆亨认为，最重要的是，赵无极先生教会了自己如何用画家的眼睛去探索世界的美，这成了建筑师唐葆亨受益终身的利器。

国立艺专的建筑教育是多学科、综合性的体系教学，它最初承袭了巴黎美术学院的模式，属于学院派体系，偏重建筑艺术，随

5. 吴茀之（1900—1977年）浙江浦江人，中国花鸟画大师，现代浙派首领人。吴茀之毕业于上海美专，曾任教苏州第一师范和淮安中学。擅长写意花鸟，山水。画初学蒋南沙、恽南田，后又取法青藤、八大诸家。书法遒逸、古朴。曾与潘天寿等组织白社。历任上海美专教授、杭州艺专教授兼教务主任、浙江美术学院教授兼国画系主任、美协浙江分会常务理事。为民盟浙江省委委员。著有《中国画概论》《中国画十讲》《画论笔记》《画微随笔》等。是现代浙派中国画首领人物，是现代浙派教学体系的奠基人之一。

6. 关良（1900—1986年）广东番禺人，1917年赴日本学习油画，1923年回国，任上海美术专科学校、浙江美术学院教授、上海中国画院画师。长于中国画、油画。曾任著《关良艺事随谈》《关良回忆录》。出版《关良京戏人物水墨画》《关良油画集》等。创造了别具一格的戏剧人物画，在国内外享有很高的声誉。

7. 柳士英（1893—1973年）江苏苏州人，建筑学家，建筑教育家。早年留学日本，1920年毕业于东京高等工业学校建筑科。1922年在上海与刘敦桢等组建“华海建筑师事务所”。1923年在苏州工业专门学校创办建筑科，为我国近代建筑教育之开端。1953年筹建中南土木建筑学院。是湖南大学建筑学科创建人。1958年后，先后任湖南工学院院长湖南大学副校长。曾编有《西洋建筑史》《五柱规范》《建筑营造学》《建筑制图规范》等教材。

8. 梁思成（1901—1972年）广东新会人，生于日本东京，致力于中国古代建筑的研究和保护，是建筑历史学家、建筑教育家和建筑师。曾参与人民英雄纪念碑、中华人民共和国国徽等作品的设计。1928年在沈阳东北大学创立了中国现代教育史上第一个建筑学系。1946年在清华大学创办建筑系。

9. 赵无极（1921—2013年）华裔法国画家，生于中国北京。1935年入杭州艺术专科学校，师从林风眠。1948年赴法国留学，并定居法国。在绘画创作上，以西方现代绘画的形式和油画的色彩技巧，参与中国传统文化艺术的意蕴创造了色彩变幻、笔触有力、富有韵律感和光感的新的绘画空间，被称为“西方现代抒情抽象派的代表”。

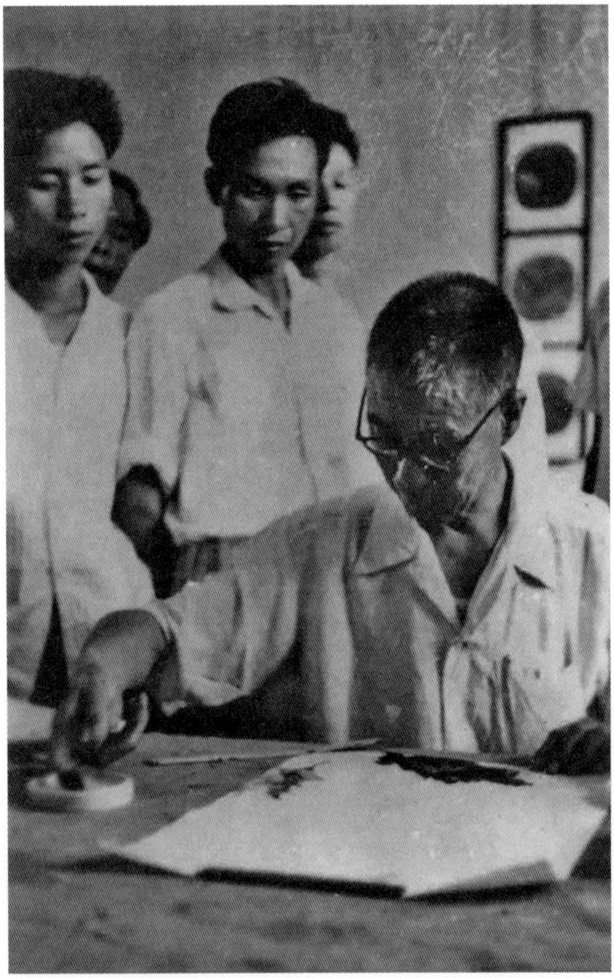

•艺专的学生在观摩潘天寿先生作画

着教学实践的不断地改良和修正，这个以“美术建筑”起家的建筑专业，在实用功能、结构技术、房屋构造、建筑材料、生产工艺等方面也得到了全面的充实。

1949 年，雕塑家刘开渠 [10] 先生任艺专校长。刘开渠毕业于法国巴黎高等美术学校，是刘既漂的学弟和“粉丝”。他曾与建筑师梁思成先生一起设计天安门广场的“人民英雄纪念碑”。刘开渠先生非常注重建筑专业的师资力量。他从之江大学聘请了吴景祥[11]先生来艺专教授建筑设计。由此，唐葆亨遇上了他职业教育的第一位重要导师。

吴景祥是中国第一代留学归国的建筑师，曾师从建筑大师勒·柯布西耶[12]，是一位德高望重的建筑教育家。这位老师特别注重培养学生的创造性思维。唐葆亨至今还清楚地记得，吴先生总是不厌其烦地启发自己的设计想法，鼓励自己不断地思考，不断地创新。唐葆亨正是在吴景祥先生的启蒙和指导下，走进了建筑专业的殿堂。

唐葆亨另一位重要的专业老师是顾恒[13]。顾恒老师曾留学日本，毕业后在杭州建筑事务所工作多年，对建筑构造方面的知识非常熟悉，是一位具有丰富实践经验的建筑师。顾恒老师教学上尤其重视建筑功能的合理性和构造技术的科学性。

顾恒老师将建筑模型的制作作为设计的重要环节，他要求学生用模型来帮助理解建筑的形态，推敲方案的设计。这种设计方法深深地植入了唐葆亨的设计习惯，以至于他职业生涯的每一个方案，都经过建筑模型的斟酌。这也成了日后唐葆亨设计制胜的

10. 刘开渠（1904—1993 年）徐州萧县人，雕塑家，毕业于北平美术学校，任杭州艺术院图书馆馆长。后赴法国，在巴黎高等美术学校雕塑系学习。归国后任杭州艺术专科学校教授。后任杭州艺术专科学校校长、杭州市副市长、中央美术学院华东分院院长、中央美术学院副院长、中国美术馆馆长、中国美术家协会副主席。主要作品有《淞沪战役阵亡将士纪念碑》《胜利渡长江解放全中国》《支援前线》《欢迎解放军》等浮雕。著有《刘开渠美术论文集》，出版有《刘开渠雕塑集》《刘开渠雕塑选集》等。

11. 吴景祥（1905—1999 年）广东中山人，建筑教育家，建筑师。1929 年毕业于清华大学。赴法国留学，1933 年在巴黎建筑专门学院完成学业并获 DESA 建筑师学位。曾在之江大学、杭州艺术专科学校任教，历任同济大学建筑系主任、华东建筑设计院总工程师、院长，上海市建筑学会理事长。

12. 勒·柯布西耶（1887—1965 年，法文：Le Corbusier），法国建筑师、都市计划家、作家、画家，是 20 世纪最重要的建筑师之一，是现代建筑运动的激进分子和主将，被称为“现代建筑的旗手”。他和瓦尔特·格罗皮乌斯、密斯·凡·德罗并称为现代建筑派或国际形式建筑派的主要代表。并称为四大现代建筑大师。

13. 顾恒（1906—1986 年）浙江杭州人，毕业于日本早稻田大学建筑学专业，在杭州艺术专科学校任教，1953 年调至北京中央美术学院，1956 年在中央工艺美术学院建筑装饰系任教。主要作品为杭州人民大会堂。

•吴景祥先生

•顾恒先生在教授建筑学

"法宝"。

唐葆亨的老师还有雷圭元[14]、庞薰琹[15]、吴一清[16]、谭天锡[17]、蒋祖荫[18]等名师大家，这些来自"五湖四海"的精英，他们有着不同的教育和文化背景，他们的建筑思想、教育理念和创作风格形成了百家争鸣的多元化状态，成了培养建筑师的沃土，唐葆亨就在这样的学术氛围中逐渐成长起来。

建筑专业是一个强调实践的学科，艺专非常注重学生的设计实践活动。当时设计老师都有自己的建筑师事务所，学生们常有参与实际工程的机会，这也成了艺专建筑教育中最重要的一个环节。刘开渠先生担任校长期间，兼任杭州市副市长，分管城市建设。艺专的学生们有了更多参与重要工程的机会。

1949年，在刘开渠的推荐下，顾恒先生带领艺专的老师和同学承担了当时杭州最大的一项工程——"杭州人民大会堂"。唐葆亨作为学生第一次参与实际工程。方案采用中国传统建筑的比例、尺度和元素，为刚解放的杭州营建了一个现代化的会议中心。唐葆亨同学跟随艺专的老师，亲历了一个创新中国传统风格的设计实践，这

•唐葆亨设计课作业，是一个西班牙风格的俱乐部，指导老师吴景祥

14. 雷圭元（1906—1988年）上海松江人，著名工艺美术家及工艺美术教育家。1927年毕业于北平国立艺专后留校任教，1929年赴法国学习绘画和染织、漆画等。1931年回国，1940年任四川省立艺术专科学校教务主任、图案教授。1945年任杭州国立艺专实用美术系主任，历任中央美术学院实用美术系副主任、中央工艺美术学院副院长，主要著作有《新图案学》《图案基础》《中国图案初探》《敦煌莫高窟图案》《中外图案装饰风格》等。

15. 庞薰琹（1906—1985年）江苏常熟人，工艺美术家，工艺美术教育家，画家。1921年考入上海震旦大学学医，课余学绘画。1924年毕业，次年赴法国，在巴黎叙利思绘画研究所学画，1927年在巴黎格朗歇米欧尔研究所深造。1930年回国，系统研究中国画论、画史。1932年创立"决澜社"。建国后历任中央美术学院华东分院绘画系主任、教务长。1953年在调北京中央美术学院任教，是中央工艺美术学院的主要创建者。1956年任中央工艺美术学院副院长。著有《薰琹随笔》。其代表作有《地之子》《路》《贵州山民图卷》《瓶花》等。

16. 吴一清（1917—2008年）江苏苏州人，1941年毕业于之江大学建筑系，留校任助教，并兼任杭州国立艺专建筑课程老师。后转入同济大学建筑系任教。编有《苏州古典园林建筑参考图集》。

17. 谭天锡（1915—1982年）江西永新人，1933年考入浙大土木工程系。1940年任浙江大学土木系助教。精通英文、俄文、日文。1956年参加翻译《水工手册》，负责建筑力学部分，由中国工业出版社出版。在浙江大学、华东水利学院先后讲授理论力学、材料力学、结构力学、水力学、平面测量、大地测量、铁道测量、钢筋混凝土结构学等课程，语言生动，被听课人誉为是一种艺术享受。

18. 蒋祖荫（1919—1987年）浙江富阳人，1946年毕业于浙江大学。历任浙江大学助教、讲师、副教授、教授，土木系结构实验室主任，建筑结构研究室主任。宁波大学创建后，受聘为土木系主任。蒋祖荫教授治学严谨，于工程结构学有较深造指。主要论文有《框支剪力墙的"3—M"柔度矩阵法》《框支剪力墙的柔度矩阵法》《钢网架结构的十字节点钣的实验应力分析》等。

19. 奚小彭（1924—1995年）安徽无为人，著名工艺美术家、教育家、画家。毕业于杭州国立艺术专科学校，在中共中央修建办事处从事建筑设计，后转到建工部北京工业建筑设计院工作，1956年后从事教育。任中央工艺美术学院室内设计系教授。曾主持人民大会堂北京厅、大常委会接待厅室内设计。设计作品有北京饭店西楼、东楼建筑装饰及室内设计、民族文化宫建筑装饰设计等。编著有《公共建筑装饰原理》等教材。国画《红梅》《报春》和《朝霞》等陈列于人民大会堂东大厅、怀仁堂等处。

20. 程曼叔（1903—1961年）江苏苏州人，雕塑家。1925年毕业于中法大学文学系，同年留学法国，在里昂国立美术专科学校学习绘画，后转入巴黎高等美术学校学习雕塑，毕业后留校任助教。1936年回国，从事法语教学，1944年任国立艺术专科学校雕塑系教授。代表作有《女人体》《方志敏》《少女头像》等。

1927 1945 1958

•1951 年中央美术学院华东分院实用美术系师生合影，左一为系主任雷圭元教授

•1951 年 3 月唐葆亨毕业前摄于中央美术学院华东分院的大门前

个工程对唐葆亨的职业生涯产生了重大的影响。

参与设计的还有高班同学奚小彭[19]，他是唐葆亨非常敬重的学长，后来成为我国室内设计教育的奠基人。

1952 年，唐葆亨毕业后，参与设计了杭州人民大会堂的大门楼和围墙，虽然只是一些小小的构筑物，唐葆亨却怀着十分恭敬的心情来做，他将对恩师的敬重和理解注入门楼和围墙，尽心尽力地让自己的设计配得上前辈的杰作。然而，2000 年，杭州人民大会堂建筑群被全部拆除。

每个时代都有它的建筑记忆，这座由顾恒、雷圭元、庞薰琹、程曼叔[20]等艺术大师创作的作品，是传承中国民族风格的成功案例，它的拆除不只是唐葆亨的遗憾，也是这座城市的遗憾。那时候，人们还沉浸在城市化快速发展的“亢奋”中，还没有对建筑的文化属性做清醒的思考，对城市优秀的近现代建筑还没有保护的意识。然而，对唐葆亨而言，“建筑的文化使命”，在他还是学生的时候，就已经深深地烙在了他的心里。他毕生的设计实践都是致力于推动中国建筑的文化传承。

1950 年，“国立艺专”改名为“中央

•杭州人民大会堂（1949 年设计）

•杭州人民大会堂入口细部

美术学院华东分院”。1951年，唐葆亨成为中央美术学院华东分院建筑专业的首届、也是最后一届毕业生。次年，全国高校院系调整，该院的建筑学专业与杭州之江大学建筑系、上海圣约翰大学建筑系合并，成立了上海同济大学建筑系，吴景祥先生任系主任。至此，唐葆亨就读的建筑专业成为同济大学建筑系的起点，成为中国建筑教育最重要的阵地之一。

1946年至1951年，唐葆亨读书的五年间，中国的社会、政治发生了翻天覆地变化。但是，相比唐葆亨在抗战期间的求学经历，西子湖畔的这座艺术学院，成了庇护唐葆亨完成职业教育的净地，没有战火，没有硝烟，有他挚爱的专业和热爱的老师，在这个如此动荡的岁月，唐葆亨非常幸运地接受了完整的专业教育。

1951年8月，唐葆亨毕业后，由新中国高教部统一分配到“浙江省建筑工程公司设计室”。

设计室的主任是滕熙[21]，他是中央大学建筑学专业的首届毕业生，也是一位著名的建筑师。在滕熙的带领下，1953年至1958年，唐葆亨迎来了他第一个创作的黄金时代。

这是新中国的第一个五年计划时期，国家的大部分建设活动都是由政府按计划推行。这一时期，浙江省内的重点工程都会指派到唐葆亨所在的“浙江省人民政府建筑工程局技术设计处”。作为刚刚从学校里毕业的学生，唐葆亨是幸运的，一毕业就有重要的工

21. 滕熙（1904－？）江苏无锡人，1925年考入江苏省立苏州工业专门学校建筑科，1927年转入中央大学工学院建筑工程系，1930年毕业，先后任浙江省建设厅、杭州市政府工务局技士，1932年任嘉兴县政府建设科技术员兼工务股主任。中华人民共和国成立后任浙江省建筑工程公司设计室主任。

•1949 年国立艺专应用美术系师生合影
（中间：系主任雷圭元教授）

1927 1945 1958

•1951年中央美术学院华东分院首届毕业生合影（右二：唐葆亨）

程在“等”他。

这一时期唐葆亨的代表作品有：浙江省人民政府办公楼方案、浙江省总工会工人疗养院、浙江省海门一江山岛烈士陵园、中国民航局杭州九溪疗养院、安吉路18号东楼、杭州南屏室内游泳池等。

1953年，浙江省人民政府办公楼征集方案，建筑面积约2万平方米，是当时浙江省最大，也是最重要的工程，收集的方案多达30余套。

唐葆亨的方案，立面竖向采用西式古典的三段式：基座、墙身和檐部；横向左右分段展开，以主楼的中心为垂直轴线。立面构图有起有迄，有主有从。建筑造型简洁又富有节奏，多变又持有秩序。

主楼方案面阔七开间，居中开间略大，单檐歇山顶。两翼辅楼屋面各设有一个四角攒尖顶。屋顶在造型上加以简化，省略了传统大木作的繁缛细节。檐口和主要构件均采用混凝土素色斩假石，不施彩画。主、辅楼的大屋顶加强了主轴线的向心性，使整组建筑有一个完整而统一的主题。

他绘制的方案透视图，像一张全景照片，生动而形象地向众人展示了这组建筑的视觉效果。这个方案从30多个方案中脱颖而出，成为实施方案。省府1号楼方案的中标，极大地鼓舞了这位初出茅庐的年轻人，使他对建筑创作充满信心。

在项目负责人滕熙的主持下，唐葆亨的方案得

•1953 年唐葆亨设计并绘制的浙江省人民政府 1 号办公楼方案透视图

•1951 年工作中的唐葆亨

到了很好的贯彻。虽然由于经济条件的限制，去掉了辅楼的两个攒尖屋顶。这组建筑仍然以它浓郁的民族风格和经典的西式构图，成为那个时代办公楼建筑的经典案例。

1954 年，唐葆亨开始设计位于西湖风景区的浙江省总工会工人疗养院。基地比邻于谦祠，周边群山环绕，唐葆亨采用仿古样式设计主体建筑，大楼中轴线对称，屋顶造型取自重檐歇山，重檐处做了变化，两边各收进一个开间，形成一个“重檐双歇山”的大屋顶。重檐处简化了斗拱，留出了开窗的距离，使顶层具有较好的自然采光和通风，避免了传统大屋顶内部空间的沉闷。

黄色在中国传统建筑形制中是最高级别的色彩，按封建制度，只有皇家建筑才可使用，唐葆亨特别选用了黄色作为工人疗养院的墙面主色调，来寓意新中国人民当家做主。作为建筑师，他非常重视这种表达：唐葆亨特别采纳了苏联建筑专家安德烈耶夫[22]的建议，把琉璃瓦屋顶上的构造饰件——吻和兽，都设计成向外飞翔和平鸽造型，来寓意人们对和平的向往。

工人疗养院建成后，以其源于传统又异于传统的“新古典”造型，成了杭州西子湖畔一道美丽的风景线，许多艺术家们都把它作为绘画的取景点。

然而，唐葆亨很快也因此遭到了批评，这种“宫殿式”的仿古建筑，结构复杂、施工累赘，直接导致了高昂的造价。在建国初经济困难的时期，这种造价

22. 安德烈耶夫，苏联建筑师，苏联中央设计院的建筑师，1950 年代来中国支援新中国建设。期间主要作品有：北京展览馆、上海展览中心(原名“中苏友好大厦”)等。

1927 1945 1958

•浙江省人民政府1号办公楼（1953年设计）

•浙江省总工会杭州三台山疗养院（1954年设计）

•浙江省海门一江山岛烈士陵园牌坊（1955 年设计）

23. 张爱萍（1910—2003 年）四川达县人，中国人民解放军高级将领革命家军事家。1926 年加入中国共产主义青年团。1928 年转入中国共产党。中华人民共和国成立后曾任华东军区参谋长、国务院副总理、全国人大常委会委员、党的中央委员等职务。

的建筑是难以为继的。唐葆亨反思并检讨了自己。经历了这次教训，他要寻求新的途径来传承“中国式样”，这也确立了唐葆亨日后在设计中根植于国情进行探索的设计态度。

1955 年，中国人民解放军与国民党军在浙江海门一江山岛进行了一场激烈的战斗。一江山岛地处台州湾椒江口东南，岛四周全是岩石，岸高岩陡，难以攀登。受海潮和风力影响，近岸易生漩涡和“岩头浪”，易守难攻。国民党守军在岛上经营多年，称一江山岛是“生物通不过的钢铁堡垒”和“打不沉的美造军舰”。1 月 18 日，由华东军区参谋长张爱萍[23]指挥作战。经过三天的激战，终于解放了一江山岛，393名战士献出了年轻的生命。一江山岛战役是解放浙江沿海岛屿最重要的一场战争，也是我国岛屿攻防作战最重要的成功案例。战争胜利之后，大陈岛的国民党主力守军自动撤退，浙江沿海岛屿得以全部解放。

10月，唐葆亨受委托，设计一江山岛烈士陵园。唐葆亨吸取了中国传统纪念性建筑总体布局的特点，在主轴线依次布置了牌坊、墓道、纪念塔、纪念亭和烈士墓，牌坊采用传统的三开间形制。墓道结合山峦地势，拾阶而上，形成主轴的序列。纪念塔由塔基、塔身和塔尖组成，塔身平面是将一个正三角形削去三个角，形成一个长短边相间的六边形，三条长边分别代表海、陆、空三军，纪念此次战役是中国人民解放军第一次陆、海、空三军联合渡海登陆作战。塔身向上收分，使碑体庄重而挺拔。塔檐挑出叠涩三层，上收成攒尖顶，顶上置塔刹，最上面是五角星造型的导航灯。唐葆亨成功地借用了传统的设计手段和元素，将庄严肃穆的气氛有节奏有序列地展开，把来者的情绪引入恰如其分的节点，一步一步地走向祭奠的高潮。

•一江山岛烈士陵园纪念塔（合作者：吴藻生、戚高平）

•海、陆、空军三组雕塑（王大进）

1927 1945 1958

解放一江山战斗纪念塔

唐葆亨认为雕塑是建筑非常重要的组成部分，他特别邀请雕塑家王大进[24]先生，为纪念塔设计雕塑，王大进教授的创作令他非常满意，他说王教授的作品“完整并提升了这组建筑”。今天，一江山岛烈士陵园已经成为当地最重要的人文景观，也是一个建筑与雕塑完美结合的优秀案例。

1956年，唐葆亨受命主持民航杭州疗养院的设计。基地位于杭州九溪徐村，是杭州著名景点九溪烟树的所在地。清代学者俞樾[25]曾赋诗云：“重重叠叠山，弯弯曲曲路，叮叮咚咚泉，高高下下树。”形象地描述了这一带的特色风光。

建筑强调特定的场所，强调环境的因素，唐葆亨将这个项目的设计重心放在保护这里山幽木翠、草密泉暗的独特生态上。他利用地形，采用分散式布局，使小体量的疗养楼与山林融为一体。这组建筑的成功之处就是，它保护了这里的山体和植被，站在院门外几乎看不到建筑的存在。

1956年，唐葆亨所在的“浙江省城市建设局设计处”改组为“浙江省城市设计院”，开始筹建位于安吉路18号的办公楼（简称东楼），由唐葆亨负责设计工作。这是一幢3层的房子，建筑面积不到2500平方米。在这里，唐葆亨全面诠释了“经济、实用、美观”的设计理念。东楼中轴对称，中段五开间，门廊三开间立柱，通高两层，上置额枋，四坡顶。这座小楼东西方风格兼收并蓄，是建筑师唐

24. 王大进（1925—2002年）浙江绍兴人，雕塑家。1950年毕业于国立艺专雕塑系。曾在浙江美术学院及上海美专任教。1965年后专职从事雕塑创作。作品有《钢铁工人》《鲁迅》《徐锡麟》等。著有《雕塑技法》（合著）。作品辑入《世界雕塑全集》《20世纪国际现代书法篆刻名家作品萃荟》等。

25. 俞樾（1821—1907年）浙江德清人，清末著名学者、文学家、经学家、古文字学家、书法家。现代诗人俞平伯的曾祖父，章太炎、吴昌硕、日本井上陈政皆出其门下。

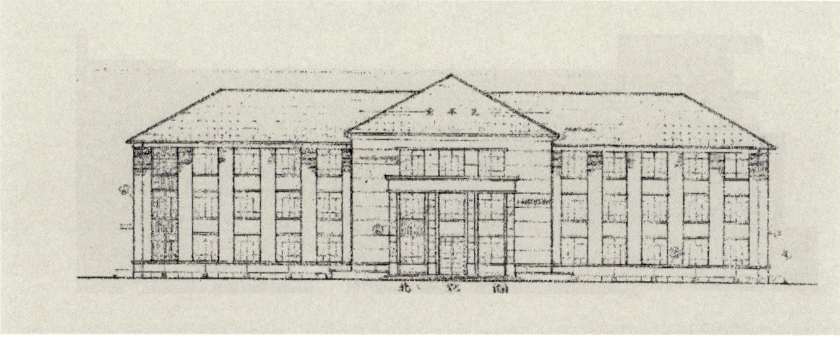

•浙江省建筑设计研究院东楼主立面

•1956 年浙江省建筑设计研究院东楼

葆亨“具有民族色彩的折中主义”的代表作品。经历了半个多世纪，俨然已经成为这个设计院的标志。

1956 年，唐葆亨承接了南屏山下的“5695 工程”，即南屏游泳池。这是一个很小的建筑，唐葆亨却感到了很大的压力。并非因为这是浙江省首家室内游泳池，而是这个游泳池将接待共和国的领袖。接到任务后，这位年轻的建筑师诚惶诚恐，他该如何设计这个工程？经历了无数个难眠的昼夜，方案在他脑子里渐渐清晰起来，他将这个设计的主题定为“故乡”。

唐葆亨选用中国传统民居的形制：平房，两坡顶，清水砖墙、青灰色彩。

他推敲了建筑的每一个细节，烟囱也被他设计成宝塔的形状——灵感来自延安。南屏游泳池和环境有很好的协调，它像一名隐士，低调而谦卑，儒雅而精致，至今仍静静地掩映在湖边郁郁的花木之中。

业主是否认可唐葆亨的设计，我们不得而知，但是，之后有很多重要的项目，甚至保密工程都直接委托唐葆亨设计。紧接其后，唐葆亨接到的是谢家花园的设计任务，该工程用于接待当时社会主义国家的元首。唐葆亨既要保证现代化宾馆的各项功能，又要向国际世界展示中国文化。而当时的建设时间、技术条件、材料设备等均受很大的限制。然而这种挑战却令唐葆亨兴奋不已，这是他探索民族风格的最好机会。唐葆亨因地制宜，合理布局，利用了现有的湖岸水系，营建了一个中国式园林宾馆。毛泽东主席就是在这里陪胡志明[26]林间散步。

这一时期，唐葆亨的成功在于他能够全面地看清摆在自己面前的问题，积极地实践文化传承的建筑思想，他的设计清新而有深度，并善于将它们融入周边的自然和人文环境。

26. 胡志明（1890—1969 年）越南义安省人，1920 年在法国加入共产党，1924 年至 1927 年在中国进行革命活动。1941 年发起建立越南独立同盟。1946 年当选越南民主共和国主席、总理。1951 年当选越南劳动党主席。

1927 1945 1958

•有趣的是，自小喜欢国画的唐葆亨没有成为国画家，却做了国画家的女婿。岳父顾仲华（1890—1975 年），是我国著名画家。山水师承“四王”，人物追随黄慎和费丹旭。山水、人物、花卉，无不精通。这是顾仲华为唐葆亨作的扇画

•1955 年 1 月 11 日唐葆亨结婚，新娘是毕业于浙江医科大学的高才生顾乃敏，这对新人举办了一个极其简单的婚礼，婚礼的第二天他们俩就各自回单位上班了

唐葆亨创作年代

唐葆亨

创作年代

1984

创作年代

1958年至1965年，我国经历了大跃进、大饥荒、四清运动，国家的建设活动基本处于停滞的状态。但是，唐葆亨还是有幸参与了两个国家级的重点工程：西子国宾馆和杭州饭店小礼堂。

西子国宾馆代号“5801工程”。位于西湖南屏山雷峰北麓，原名青白山庄，是安徽茶商、汪裕泰茶庄庄主汪自新[1]建于1927年的宅第，故称为汪庄。

汪庄三面临湖，庄内亭阁飞檐，奇石林立，花团锦簇，为民国初年西湖一带最有名的庄园。1936年，蒋介石和宋美龄为了争取更多的国际援助，在汪庄举办了一次大型茶会，一百多位外宾见证了这座东方的美丽庄园，而使汪庄蜚声中外。

唐葆亨的任务是把这个私家宅院改建成国宾馆。

唐葆亨徘徊在汪庄，他惊讶于汪庄主的才华：

1. 汪自新（1868—1941年）安徽绩溪人，近代著名茶商、古琴制作家、慈善家、沪上名医。民国时期上海规模最大的茶叶店—汪裕泰茶庄的第二代当家。1927年，汪自新因杭州茶厂业务来到西湖，见湖光山色，景致怡人。想在西湖边修建别墅。但遭到了当地人的反对。直到汪自新承诺其百年以后，所有建筑连同园林，一并无偿归还政府，还湖于民，才答应他开工建园。1929年，历经两年的修建，山庄终于建成，始称“青白山庄”。

1927 1945 1958

•汪庄

作为商人，他成功地经营了汪裕泰茶庄，成为“茶叶大王”；作为医生，他行医、办学、做研究，成为“沪上名医”，同时，他又是古琴的制作师和收藏家，琴棋书画无一不通。这位亦商、亦医、亦儒的民国俊才，在西湖边修建了这个美轮美奂的庄园，令建筑师唐葆亨陷入困境，担心自己“狗尾续貂”，唐葆亨比喻改建工作是“为《红楼梦》写续集”。

唐葆亨仔细研究了汪庄的每一处建筑，似乎很难用“传统风格”来简单地概括，汪庄的建筑汇集了中外很多种风格，即使是中国风格，也不乏打破型制，别出心裁。这些建筑唯一的共性就是和环境的协调。沿着这条脉络，唐葆亨在雷峰岭北麓的空地上，设计了西子国宾馆的主楼。

主楼为一层平房，门厅两层通高，外设宽大的门廊，上盖三面坡的重檐屋面，造型源于中国传统的三角攒尖。屋顶呈现“中国固有形式”，又经巧妙处理，使四面滴水无声无痕。入口的雨棚在唐葆亨的手中变成了一个精致的亭阁，映衬着青山绿水，成为水墨汪庄的点睛之笔。

主楼沉稳而端庄，恭谦而优雅，他把传统建筑的比例、尺度以及色彩和现代宾

•2016 年 G20 峰会在杭州召开，国家主席习近平和夫人彭丽媛在杭州西子国宾馆举行宴会，欢迎出席二十国集团领导人杭州峰会的外方代表团团长及所有嘉宾。

馆的功能需求，天衣无缝地衔接在一起，使这个古老的庄园既保持了原有的风格又焕发出现代化的生机。这里成了杭州最重要的接待宾馆。

2016 年 G20 峰会在杭州召开，国家主席习近平和夫人彭丽媛在杭州西子宾馆举行宴会，欢迎出席二十国集团领导人杭州峰会的外方代表团团长及所有嘉宾。会后习近平和彭丽媛同外方代表团团长及配偶在室外草坪合影留念，汪庄再次惊艳世界。这座建筑“与雷峰夕照的绚丽景观融为一体，为世界呈上最美的杭州瞬间。”当年这组扩建的小楼已经成为今日汪庄的主角，成了杭州乃至中国的标志性建筑。

在探索传统风格的道路上，汪庄给了唐葆亨很大的启迪，“传统”就像一颗“树”，它依赖自己扎根的土壤，为了枝叶的繁茂，它必须不断地从土

•西子国宾馆主楼草图（唐葆亨绘）

•西子国宾馆主楼实景（合作者：戚高平、黄士江）

壤中汲取营养；建筑要传承和发展“传统”，离不开地域文化的滋养。唐葆亨在汪庄的设计实践，为他的设计思想打开了一扇理性的大门。“传统”和“地域”的关系在唐葆亨的设计理念中逐渐清晰起来。

1959 年 7 月，唐葆亨接到设计杭州饭店小礼堂的任务，这是浙江省庆祝建国十周年的重点工程。然而，设计这个小礼堂对唐葆亨而言，是空前的挑战。

首先，挑战来自它的地理位置，小礼堂傍山依水，这“山”和“水”都太不寻常：“山”为栖霞岭——“青山有幸埋忠骨”，是抗金名将岳飞的墓葬之地；“水”为西湖，被称为“中国最美湖泊”。西湖承载着厚重的历史和人文，而岳飞墓已将这一处山水的寓意推到了极致，这一处的西湖被命名为“岳湖”，这一座山岭也成为传承民族精神的“道场”。

唐葆亨要在这岳湖畔、岳王墓边设计一个宾馆的配套用房。小礼堂建筑占地面积为 3000 平方米，建筑面积为 11000 平方米，建筑主体部分为容纳 625 座位的观众厅，这么一个“庞然大

•杭州饭店小礼堂建筑模型

•1959 年杭州饭店小礼堂内景
（合作者：王永林、戚高平、刘宗元、陈静观）

•1962 年唐葆亨的全家福

物”，令唐葆亨无从下手。这是一个把建筑师逼入绝境的工作任务，不可以选址，不可以减体量，最关键的是，完成设计和施工一共只有三个月的时间，完全没有给唐葆亨留时间去慢慢地思考，慢慢地推敲。

然而，唐葆亨是幸运的，“绝境”中的他，迎来了他职业生涯最重要的导师——赵深[2]。

赵深是当年华盖三巨头之一，先生学贯中西，是一位造诣很深的建筑学家，时任华东建筑设计院总建筑师，受邀来杭州指导杭州饭店小礼堂的设计工作。

唐葆亨向赵深表达了自己的忧虑，他感受到赵先生一边认同自己，一边带着自己往前走，先生对传统的现代化思考，使唐葆亨重新认识了建筑创作的内涵。地段的敏感、情况的复杂、要求的苛刻都成了激发自己灵感的驱动力，在先生的引领下，唐葆亨的忧虑变成了令人振奋的挑战。

赵深领着唐葆亨在岳庙和杭州饭店之间的狭长空地上，反复勘查，反复磋商，确定了小礼堂的建筑方案：平面上，单体采用扇形平面，不但很好地

2. **赵深**（1898—1978 年）江苏无锡人，1911 年考入清华学校，1920 年赴美国宾夕法尼亚大学建筑系留学，1923 年获硕士学位。他曾参加芝加哥大学摩天教学大楼的设计。1926 年与杨廷宝同赴欧洲考察建筑。1927 年 3 月回国，在上海青年会建筑处任建筑师。1930 年设赵深建筑事务所。1931 年 2 月与陈植合办赵深陈植建筑师事务所，1931 年冬童寯加入，1932 年改名为华盖建筑师事务所。抗战期间，他常驻昆明，主持华盖分部工作。1950—1952 年联合另 5 家事务所的建筑师和工程师组织"联合建筑师工程师事务所"。1952 年担任华东建筑设计公司总工程师，1953—1955 年任建工部中央设计院总工程师，1956 年回华东建筑设计院任副院长兼总建筑师。

3. **江华**（1907—1999 年）湖南江华人，1925 年加入中国共产主义青年团。1926 年 12 月，他离开学校到衡阳市总工会做青年工人工作，并经共青团湖南特委介绍到中共湘南特委，转为中共党员。1954 年起主持浙江省的全面工作,历任中共浙江省委书记、第一书记、浙江省政协主席、浙江省军区政委。在江华的主持下，浙江省的各项工作得到发展。工业从无到有，逐步形成轻重并举、大中小共存、门类齐全的工业体系。科技、教育和文化事业在全国也处于较先进的水平。浙江省总结了很多的好经验，向全国推介。1975—1978 年间，任最高人民法院院长。

契合了地形，也取得了较好的使用功能；立面上，将最高标高定位 21.2 米，低于杭州饭店的主楼，三层宴会厅的外墙后退，外做花架，减轻建筑的体量感；剖面上，利用基地的高差，设置半地下层；色彩与造型上均与杭州饭店统一，并延续岳王庙的风格，形成古今交汇的连续界面。

杭州饭店小礼堂全部采用现场设计，设计师都驻扎在工地，边设计、边施工。期间，浙江省委书记江华[3]亲自来工地上看望设计师，江华曾问唐葆亨："有什么困难吗？"唐答："没有困难！"江华就说："怎么没有困难，吃饭都会有困难！"唐葆亨沉浸在创作的快乐中，并不在意这种"困难"。

1958 年 9 月底，小礼堂与北京的十大工程同时建成。在此多次召开了重要会议，是中央政治局杭州会议的会址。1972 年美国总统尼克松访华时，那个著名的杭州晚宴就设在这个礼堂的三楼。

小礼堂把处理好"环境、空间、建筑"三者关系作为建筑创作的出发点。它结合特定的地理环境，与岳庙、杭州饭店的建筑形式做了很好的协调。既

•1959 年唐葆亨与业师赵深

具有江南传统建筑风格，又具有现代气息。最值得一提的是，这个大体量的建筑，被淹没在栖霞岭浓密的树丛中，连一张全景的照片都拍不出来，这正是唐葆亨的成功之处：小礼堂比邻岳庙，却不“惊动”岳庙，像一位尽职的配角，不动声色地守在岳庙之隅。

在遇上赵深之前，有一个问题一直困扰着唐葆亨，他之前的作品都是从中国的传统建筑中汲取灵感，采用简化、改良、组合传统建筑元素和建筑型制的设计手法，那些作品充满了各种风格的折中处理，虽然在美学方面已经日趋成熟，但是，他意识到这种设计对传统缺乏一种精神上的传承，对创新缺乏一种发展的方向，他看到了自己的问题，却苦于无法解决，他像一个迷路的拓荒者，不知道如何走出自己的困境。

赵深的出现，在唐葆亨的设计生涯中，亮起了一盏指路明灯。在他指导唐葆亨设计杭州饭店小会堂的日日夜夜，他的思维方式和设计思想给唐葆亨产生了巨大的影响，唐葆亨开始对传统和创新进行了辩证的思考。

今日的“传统”，可能正是昔日的“创

•杭州饭店小礼堂内景

1927 1945 1958

•杭州饭店小礼堂内景

•掩映在栖霞岭中的杭州饭店小礼堂

•杭州饭店小礼堂草图(唐葆亨绘)

1927 1945 1958

董大西

4. **董大西**（1899—1973 年）浙江杭州人，1922 年毕业于清华学校，1925 年获美国明尼苏达大学建筑学硕士学位，后进入哥伦比亚大学美术考古研究院当研究生，毕业后在美国莫非建筑事务所工作。回国后在上海与美国建筑师菲利普合办事务所。1930 年任上海市中心区域建设委员会顾问，兼任建筑师办事处主任建筑师，同时开办董大酉建筑事务所。1947 年任南京市都市计划委员会委员兼计划处处长。1955 年任北京公用建筑设计院总工程师等。1963 年任浙江省工业设计院总工程师。1964 年任杭州市建筑设计院顾问工程师。他的主要作品有：上海市行政区规划、原上海市政府大厦和市政府各局办公楼、上海市铁路管理局大厦、上海市博物馆、上海市图书馆、上海市运动场（今江湾体育馆）等，论著有《中国艺术》《建筑记事》《大上海发展计划》等。

新”，那些昔日的“创新”一点一点地积累，一步一步地改良，成为今日的“传统”。“传统”的步伐从不停止，因为有一种力量一直在推动着它，这个力量来自时代的人文精神和审美取向。赵深认为，在“传统”和“创新”之间，建筑师必须对传统作最坚定的守护，同时也必须对创新作最执着的追求。放弃传统意味着失去立足之根，而不求创新则是失去茂盛的枝叶。

在赵深的引导下，这位年轻的建筑师终于破茧成蝶。

1963 年，董大西[4]先生调到唐葆亨所在的浙江省工业设计院任总工程师。董大西的到来，令唐葆亨非常兴奋，他知道，董先生是一位在建筑设计和建筑科学方面全能型的顶尖专家。在设计杭州饭店小礼堂时，就小礼堂的声学问题，唐葆亨曾专门请教过董先生，先生的博学令他肃然起敬。他以为先生的到来可以让自己的团队走得更远。然而仅仅一年，董先生就调往杭州市建筑设计院，而这个时候，政治运动的矛头开始指向董大西。这位“反动学术权威”在他生命最后的几年，饱受摧残，已经无法继续他的专业工作。1973 年，董先生溘然而逝。

1966年至1976年，“文化大革命”的十年，是建国后最为混乱的时期，唐葆亨也因自己的出身备受压力。当年一位族人向父亲唐寿赓借钱，因无力还款，把家中的二十亩土地作为抵债品还给唐寿赓。使得唐寿赓这位“工商业主”由此变成“工商地主”，唐葆亨就稀里糊涂地成了“黑五类[5]分子”。“文革”期间“黑五类”是被批挨整的对象，况且他还和许多“反动学术权威”走得很近，更是“罪加一等”。1968年，浙江省重点工程毛泽东思想胜利万岁展览馆，就把唐葆亨拒在了项目组之外。

然而，唐葆亨还是幸运的。在这最艰难的十年，他参与了杭州的三个最具影响力的工程：浙江省体育馆、笕桥机场和杭州剧院。

1965年3月，唐葆亨受命设计浙江省体育馆。这恐怕是唐葆亨最为优秀的作品，它标志着建筑师唐葆亨进入了一个新的创作阶段。

然而，当时38岁的唐葆亨是第一次设计大跨空间的体育建筑，他还是一个体育建筑的“菜鸟”。这位“菜鸟”做的第一件事情就是去上海请教吴景祥先生。

吴先生向唐葆亨引荐了同济大学的葛如亮[6]老师，葛老师是体育建筑方面的非常优

5. 黑五类：在“文化大革命”期间（1966—1976年），“黑五类”指地主、富农、反革命分子、坏分子、右派分子五类人的子女。“文革”初期，在血统论观念的影响下，黑五类子女在入团入党、毕业分配、招工、参军、提干恋爱和婚姻等方面都受到歧视。中国改革开放以后，“黑五类”这一政治用语不再使用。

6. 葛如亮（1926—1989年）浙江奉化人，1948年毕业于上海交通大学。1956年以全优成绩研究生毕业于清华大学，师从建筑大师梁思成。曾任华侨大学建筑系主任、中国建筑学会创作委员会委员、中国建筑学会中国体育科学学会专业委员会委员和上海建筑学会设计委员会委员。主持多项体育建筑设计研究，有长春体育馆、上海黄浦体育馆、江苏省淮阴体育馆、河南省郑州体育馆、国家体育中心与体育馆、河北省体育中心与体育馆、桂林国际体育中心与体育馆。他提出的视觉质量分区图被建筑界誉为葛如亮视觉质量分区图”。葛如亮教授曾任《体育建筑论文集》主编，该论文集是由中国建筑学会、国家建工总局和国家体委组织的体育馆设计经验交流会论文编集。

秀的专家，具有丰富的实践经验和理论积淀，他向唐葆亨介绍了当时世界上最先进的体育馆建筑案例，并分享了他多年的研究经验。

在葛如亮老师的帮助下，唐葆亨仔细分析了体育馆观众自动入席观测记录，他发现，方形平面的体育馆，有四个角的空间是浪费的；圆形平面则有两个侧面的空间无法有效利用，空间利用最合理的应该是椭圆形平面。只是，迄今为止还没有成熟的结构选型可以适用椭圆形平面。唐葆亨又分析了体育馆的剖面，综合视线、通风、声学以及经济性的要求，推算出最佳的屋盖应该是两边高，中间低的曲面造型。

汇总他的分析，只有一种空间悬索结构最符合体育馆屋盖的要求。然而，以当时的技术力量，周围没人敢为唐葆亨的这个选型做结构设计。在中国，这是一个“史无前例”的结构选型，技术和工艺的不确定性潜伏着难以预测的风险。好心的同事都劝唐葆亨放弃这个“不切实际”的想法。

此时“文革”还没开始，国务院总理周恩来在政府工作报告上提出：要实现工业、农业、国防和科学技术现代化。在此期间，中国的科技事业得到了迅速发展，形成了一批专业的研究所，培养了一支水平高、力量

•唐葆亨和葛如亮老师

强的科研队伍。在这样的大背景下，医学家成功移植自体骨髓，生物学家成功合成人工牛胰岛素，物理学家成功研制原子弹。建筑师唐葆亨也渴望在自己专业领域做新的尝试。中国是世界上最早应用悬索结构的国家之一，明朝成化年间已用铁链建成霁虹桥。唐葆亨相信，结构技术发展到今天，应该可以解决这个难题。他认为，体育馆建筑必须反映功能和技术的合理性，必须反映技术本身的创新性。

在同事的帮助下，唐葆亨邀请了当时著名的结构专家何广乾[7]教授来杭州论证悬索结构的可行性。

何广乾是法国巴黎大学理学院结构力学专业博士。从二十世纪五十年代中期开始，何广乾教授带领他的团队，经过近十年的努力，不仅系统全面地解决了许多大跨度结构技术问题，而且攻克了一些国际上尚未解决的难题。

唐葆亨永远不会忘记，那个春日的午后，在安吉路18号，浙江省工业设计院的办公室里，何广乾教授听完自己的陈述后，沉思良久，然后微笑着说："空间悬索结构可以做的。"何教授的回答像一缕春风，吹入唐葆亨的严冬，那个濒临绝境的创意，终于获

7. 何广乾（1920—2010年）江苏丹徒人，是中国著名建筑结构工程专家，多年从事钢筋混凝土薄壳机构及高层建筑的研究与应用。1942年毕业于交通大学土木系。1949年获法国巴黎大学理学院结构力学专业博士学位。1950年回国。历任华东工业建筑设计院主任工程师，西北工业建筑设计院总工程师，中国建筑科学研究院副院长兼总工程师，城乡建设环境保护部科技委员会副主任，中国建筑学会第五届副理事长、第六届常务理事，国际建筑师协会理事，国际预应力协会副主席。

•唐葆亨与何广乾教授

•唐葆亨绘制的浙江省体育馆方案草图

•唐葆亨和张维岳

8. 张维岳(1931–) 天津人，结构力学专家。长期从事建筑科学研究工作，在薄壳、悬索、升板等空间建筑结构和高层建筑结构的计算力学研究方面有较深造诣，为发展适合我国国情的建筑结构科学技术作出了贡献。

得了生机。多年以后，唐葆亨在提起何教授时，他的眼里依然会放出光芒，他说何教授是他“生命中的贵人”。

在之后的设计中，何广乾教授派出了他的高徒张维岳[8]和他的团队，帮助唐葆亨解决空间悬索屋盖的技术问题。悬索结构具有跨度大、重量轻、节约钢材、施工方便的各种优点，但设计计算在当时是一个难点。

张维岳，当年年仅 34 岁，却在空间索网的研究方面显现了过人的才华，他成功地研究出双曲抛物面索网结构非线性理论的计算方法和作为索网边缘构件的空间曲梁的计算方法。

浙江省体育馆采用 80 米跨的空间索网，其索端固定于一个空间曲梁上。为了减小曲梁内的弯矩，张维岳在圈梁上增设水平拉索，采取分次加荷、分次张拉预应力的方法，使这个大跨屋盖的用钢量仅为每平方米 17 公斤，成为当时世界上用钢量最省的悬索结构。

1966 年 7 月，浙江省体育馆开始施工，施工期间正值“文革”，工程历经磨难。唐葆亨也处于随时可能被批斗的境况，然而最让唐葆亨担心的还是工程经费，由于经费的短缺，工程随时有可能停工，为了让工程能顺利完工，唐葆亨住在工地的工棚里，成天泡在工地上琢磨如何用优化设计来省钱。

•唐葆亨采用废大理石装饰的浙江省体育馆大厅柱子

唐葆亨“每个细节都想着省钱，再省钱”：他和工人们一起研究如何用沥青铺设木地板，来节约木基层的用料；他一次又一次地跑大理石厂挑选石材，选用小尺寸的石材贴面来节约投资；人家不要的边角料也被他运回来，把这些碎石料按色彩的明度分成深浅两类，用水磨石的工艺分别打磨成深色和浅色的饰面板，用于大厅的柱子的装饰。唐葆亨硬是把一堆“废石料”变成了“高大上”的饰面材料。为此大家还揶揄唐葆亨是“捡破烂的建筑师”。

悬索屋面的排水历来是令建筑师头痛的问题。唐葆亨以一种匪夷所思的简便方法，破解了这个难题。他用廉价的白铁皮铺设屋顶，以每块白铁皮的长度为模数，做出平行于屋面短轴的条形分流区，使雨水能沿分流区均匀地排至最近的檐沟。

唐葆亨以他的敬业和智慧赢得了工人们的尊重，工人们都想方设法保护这位可亲可敬“黑五类分子”。工地成了唐葆亨的护身地，使他成功躲过那场疯狂的“运动”。

四年的全身心投入，1969 年 9 月体育馆终于竣工，他最初的设想全部得到了实现，体育馆建筑面积为 12600 平方米，有 5420 座，比赛大厅首次采用了椭圆形平面和双曲线抛物面的屋盖结构，场馆既保障了空调的有效运用，又达到了满意的视觉效果。经济合理的内部空间和先进的屋盖结构体系获了完美的统一。而全部工程造价只有 280 万元，这也成了建筑史上的一项奇迹。

浙江省体育馆成了当时国内最先进的室内运动场，成功举行了多次国内外的体育比赛，为浙江为杭州赢得了许多声誉。然而，对于建筑师唐葆亨，没有鲜花，也没有掌声，“文革”还在继续，他仍然还是“黑五类分子”。只是每次经过这座体

•1979 年在浙江体育馆召开的首次国际体育比赛：世界羽联第一届世界杯赛

•1965 年唐葆亨（前排中）和他的团队在浙江省体育馆设计现场

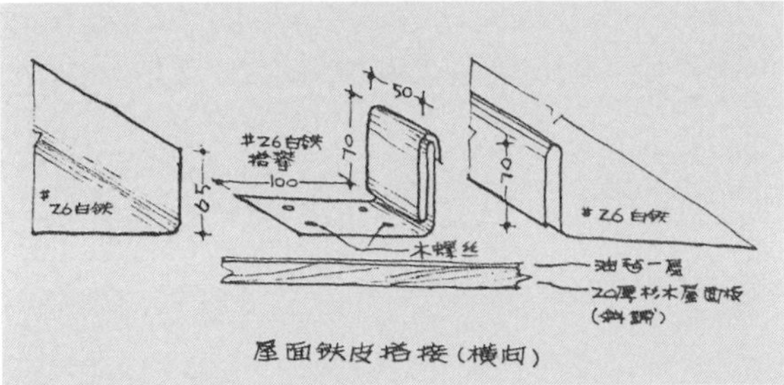

•悬索屋面的排水大样图（唐葆亨绘）

•浙江体育馆模型

•浙江体育馆渲染图（章绚文绘）

•浙江体育馆实景

•浙江体育馆钢笔画（夏宗旸绘）

•1965 年浙江省体育馆设计团队合影（一排右三：阮元卫，二排右三：唐葆亨，右四：张维岳）

•1969 年 9 月建筑师唐葆亨摄于刚竣工的浙江体育馆

•浙江体育馆鸟瞰图（合作者：宋德生、沈济黄、佘再云、陈玉华、周仲美等）

•浙江体育馆内室

育馆，他就暗暗高兴，就像一位父亲看到自己的孩子长大成才一样。

悬索结构最大的“天敌”是台风。当台风和屋面产生共振时，屋面就会产生严重的损害。1940年，美国塔克马海峡的悬索桥，建成后4个月，就在一场8级台风中轰然坍塌。

1988年8月8日，12级台风正面袭击杭州，一夜之间，数以万计的树木被刮倒，水泥电杆被拦腰折断，许多建筑遭到破坏。浙江省体育馆的主体结构接受了考验。

台风过后，57岁的张维岳，时任中国建筑科学研究院副院长，和61岁的唐葆亨，时任浙江省建筑设计院总建筑师，这两位当年的设计体育馆的“战友”，一起爬进体育馆狭小的吊顶里，逐一检查索网的钢绞线，令他们欣慰和自豪的是，使用了二十年后，经历了如此强大的台风，双曲索网的屋盖的主体结构依然完好。12级的台风仅仅掀掉了屋面防水用的白铁皮。

浙江省体育馆是唐葆亨最喜欢、最重要、最著名的作品。它体现了建筑、结构与美学的完美结合。1965年至1969年的四年间，唐葆亨为之倾注了自己全部的时间、精力和智慧。这项工程引起了广泛的赞誉，并成为

•《体育馆建筑论文集》

•中国建筑学会建筑创作大奖

那个时代的一个真正的独特“范本”。

1980年，中国建筑学会、国家建工总局、国家体委在苏州联合召开了全国体育馆建筑设计经验交流会，唐葆亨总结了他的设计实践，论文《体育馆建筑创作浅谈》被选入《体育馆建筑论文集》。浙江省体育馆也作为经典的案例，载入了《中国现代建筑史》。

这项设计于1993年被中国建筑学会评为“中国建筑学会建筑创作大奖”。

1971年9月，杭州开始了全城动员，准备迎接美国总统尼克松来访。尼克松总统的这次“破冰之旅”，走访的城市除了北京和上海，还有一个城市就是杭州。然而，此时的杭州只有一个小小的军用机场，没有候机楼，也无法起降大型飞机。国务院、中央军委于1971年11月8日下达“关于扩建笕桥机场”的紧急指示。

11月11日，唐葆亨所在的浙江省工业设计院接到了笕桥机场候机楼的设计任务。这是一项特殊时期的特殊任务，每位参与建设的人员，都要经过严格的政审。以唐葆亨的出身，能允许他参加这个工程，令他十分欣喜。然而欣喜之外还有压力，这座近6000平方米的候机楼连设计带施

•“不可能完成的任务”：1971 年杭州笕桥机场候机楼（主要设计人：张细榜、宋德生、沈济黄、董孝论等）

工必须在 2 个月内完工。

为了应对快速施工，设计采用方形规则柱网，钢结构，预制构件。一周以后，这个设计突击队完成方案设计，国务院总理周恩来亲自审定方案。

•1972 年周恩来、尼克松等人在来杭州的飞机上

11 月 21 日，建筑师唐葆亨和园林设计师胡绪渭[9] 带领他们的团队进驻工地现场，和两万多军民一起，夜以继日，挑灯夜战。在笕桥机场的工地上，唐葆亨如鱼得水，度过了他最快乐的时光，他之前的工程经验，被一一用到这次赶考中，这个快速施工的挑战，也将唐葆亨团队的智慧发挥到了极致。

•笕桥机场候机楼内景

因为时间紧迫，施工全部采用干作业，在修建到候机楼贵宾室时，因为常规的内

墙面油漆施工的周期完全赶不上工程进度，不仅很难干透，而且气味难闻，没法交付使用。唐葆亨设法采用淡米色的织锦，用湿裱的方法贴到墙面的木基层上，不仅解决了异味，还使贵宾厅具有浓郁的“中国风格”。这可能是第一例使用“丝绸墙布”的装修工程。6 年以后，1978 年我国才第一次制造出墙纸，用于建筑内墙墙面装饰。

1972 年 2 月 10 日，笕桥机场通过验收，一座建筑面积为 5870 平方米的候机楼，占地面积为 34000 平方米的停机坪，长 3200 米、宽 60 米的跑道扩建全部完成。从进场施工到正式交付使用，笕桥机场扩建工程，只用了两个多月，被誉为神一般“笕桥速度”。两周之后，尼克松一行乘坐的专机降落杭州笕桥机场。尼克松是否知道，由于他的到来，中国的设计师们创造了一项建筑史上的“世界纪录”，完成了一项“不可能完成的任务”。该项目于 1981 年被评为全国优秀设计。

唐葆亨的另一个重要作品是杭州剧院。早在 1950 年代末，唐葆亨就和杨廷宝[10]先生专题研究过杭州剧院的建筑方案。杨廷宝先生派许以诚[11]、柳孝图[12]两位老师，带领南京工学院建筑系的学生们来杭州，和唐葆亨一起以杭州剧院为题进行方案设计和研

9. 胡绪渭（1922—2005 年）安徽人，园林设计师。1943 年扬州大学园艺系毕业。主要作品有毛泽东主席故居绿化配置、杭州笕桥机场和机场路的园林绿化、杭州西湖“柳浪闻莺”“花港观鱼”公园几个主要景点的绿化工程，其中最有代表性的作品为牡丹亭著名的“梅影坡”景观。

10. 杨廷宝（1901—1982 年）河南南阳人，1912 年考入河南留学欧美预备学校英文科。1915 年入北京清华学校，1921 年赴美国留学，在宾夕法尼亚大学学建筑。他的建筑设计和水彩画得到保尔·克芮和瓦尔特·道森的指导，学习成绩优异，1924 年曾先后获得全美建筑系学生设计竞赛的艾默生奖一等奖。1926 年离美赴欧洲考察建筑。1927 年，回国加入基泰工程司，杨廷宝是建筑设计方面的主要负责人。杨廷宝在事务所的工作直至 1949 年止。1940 年起，他兼任中央大学建筑系教授。中华人民共和国成立后，历任南京大学建筑系教授，南京工学院建筑系教授、系主任、副院长、建筑研究所所长，中国科学院技术科学部委员，中国建筑学会第五届理事长，《中国大百科全书·建筑学》主编、国际建筑师协会副主席等职。是中国杰出的建筑学家，与梁思成并称为“南杨北梁”。

11. 许以诚（1931—2014 年）浙江杭州人，画家、建筑师。1947 年就读杭州国立艺专，1952 年毕业于同济大学建筑系；1954 年哈尔滨工业大学建筑系研究生毕业。南京工学院建筑系副教授。中国美术家协会会员。绘画作品有《华都朝晖》《泰山雄姿》。著有《中国园林艺术特色》等。

12. 柳孝图（1933—）江苏镇江人，建筑节能专家，1959 年毕业于南京工学院建筑系。专门从事城市物理环境与可持续发展、建筑节能研究、室内外声学设计与控制的研究。中国声学学会理事，全国声学标准化技术委员会委员，中国建筑节能委员会专家组成员，江苏省声学学会常务理事。代表性著作有：《城市物理环境与可持续发展》；代表性论文：《中庭的热环境与节能探讨、夏热冬冷地区住宅热环境设计研究》。

究，杨廷宝先生也多次来杭州，亲自指导设计，当时先生们达成的共识是用江南传统的建筑风格来营建一个现代化的剧院。这个班的学生中，有一名叫王文卿[13]的年轻人，他出色的方案设计能力给唐葆亨留下了深刻的印象。

有两个方案得到了唐葆亨的认可，这两个方案不仅具有浓郁的民族风格，还将剧院的形式和功能作了很好的统一。唐葆亨也非常希望今后杭州剧院能沿用这样的风格。

1972 年，周恩来总理在《关于浙江省要求在杭州新建一座剧院的意见》上亲自作了批示，批准在杭州新建一座大型剧院。

1973 年，杭州剧院的设计任务下达后，唐葆亨站在杭州剧院的基地上，看着对面的毛泽东思想胜利万岁展览馆（简称红太阳展览馆），他发现，之前的想法已经不再适合了。杭州剧院位于杭州武林广场西侧，这是一个向公众展示城市风格的地方，广场北侧的“红太阳展览馆”是武林广场的控制性建筑，杭州剧院是这个广场的“二当家”，它既要有表现城市属性的张扬的一面，又不能撼动“红太阳展览馆”作为广场“主角”的地位。

唐葆亨带领他的团队参观了北京首都剧院。在认真请教了首都剧院的总建筑师林乐

13. 王文卿 (1936—2003 年) 浙江定海人，建筑学家，1955—1960 年南京工学院建筑系攻读建筑学，深得杨廷宝，刘敦桢先生之建筑教育以及李剑晨、崔豫章先生之美术教育的理念。大学毕业至今执教于南京工学院建筑系。1981 年赴日本爱知工业大学建筑系参加学术交流及学生作品展。1989 年在英国诺丁汉大学建筑系做访问教授。1993 年为中国建筑师代表团成员赴美国芝加哥参加国际建筑师协会第十八届大会 (UIA18)。1986 年始与钟训正、孙仲阳合作建立“正阳卿小组”，既教学又做建筑创作。作品多次获得建设部、国家教育委员会优秀建筑设计奖。主要作品无锡太湖饭店新楼、海南三亚金陵度假村、南京夫子庙东西市场、兰州甘肃省画院、江苏间里湖度假村。擅长建筑水彩渲染画。酷爱钢笔写生画。1992 年主持完成国家自然科学基金项目《城市商业环境研究》。1994 年参加完成建筑部“八·五”科学技术研究项目《中国村镇建筑综合自然区划和建筑体系研究》，1997—1999 年参加完成中国工程院《二十一世纪中国城市地下空间开发利用的战略与对策》咨询研究项目。

14. 林乐义 (1916—1988 年) 福建南平人，1937 年毕业于上海沪江大学。抗战胜利后，林乐义荣获美国南方各大学建筑设计比赛一等奖，1948 年到美国佐治亚州理工大学建筑学院，被聘为该校建筑系特别讲师。1949 年回国后，历任北京中南建筑公司总建筑师、建筑工程部北京工业建筑设计院总建筑师、中国建筑科学研究院总建筑师、建设部建筑设计院总建筑师。主要代表作品有：桂林艺术馆、广西忠烈祠、北京首都剧场、北京电报大楼、中国驻波兰大使馆、中南海怀仁堂和紫光阁改建工程、郑州“二·七”烈士纪念塔、北京国际饭店，主持编写《建筑设计资料集》（第一版）。

•唐葆亨与林乐义先生

1927 1945 1958

•1969 年竣工的红太阳展览馆（赵美珍提供）

•杭州剧院方案草图（唐葆亨绘）

•杨廷宝先生指导的学生作品（杭州剧院方案）

义[14]之后，唐葆亨勾画了杭州剧院方案的第一张草图。

然而，这个时候的中国，正处于“文化大革命”的混乱之中，工厂停工，学校停课，杭州剧院的建设也被一拖再拖。直到1976年“文革”结束，工程才正式启动。

十年“文革”结束，我国进入了一个新的时期。此时的杭州正站在一个文化的断层上，传统文化经历了十年的浩劫，已经“奄奄一息”，公众在文化上的自信心正期待着“灾后重建”。在城市的这个位置，在历史的这个时刻，都“渴求”一座面向未来的新建筑，公众则需要一个精神上的“里程碑”，来结束一段往昔，来开启一个美好的未来。

杭州剧院承载了厚重的文化使命，使这项设计任务变得十分艰巨。唐葆亨在基地上一遍一遍地考察和思考，最后，他找到了出路。他汇集了所有的设计要素，作了一次“理性”的回归，采用南北对称布局，主立面朝东，面向武林广场。东立面和南北门廊为成片通透的玻璃幕墙，从视线上开放了剧院的室内空间，形成一个延续的城市空间。挑檐宽大而简洁，没有任何装饰。观众厅和舞台体型纯净，表现造型与

•杭州剧院方案模型

•杭州剧院（1973 年，主要设计人：蒋敖树、宋德生、沈济黄、张细榜、董孝论、戚高平）

•杭州剧院方案表现图

功能的配合和统一。唐葆亨一改传统的封闭楼梯间，将主楼梯设计成美丽的“装饰品”，布置在入口大厅里，透过通透的玻璃让空间流动起来。

杭州剧院的设计，如勒·柯布西耶所说：“一切都建立在合理地分析问题和解决问题的基础上。”它忠实于功能，忠实于材料，忠实于结构，在一个新旧交替的时代，唐葆亨成功地运用现代主义的手法，塑造了一个新时代建筑的范例。

有一名英国建筑师，在参观完杭州剧院后，对这座新建筑的设计手法和对称构图表示不解，他问唐葆亨：“您的设计是不是受了俄罗斯风格的影响？”唐葆亨回答说：“我是深受中国传统风格的影响。”唐葆亨对传统的态度，使这座现代风格的建筑，依旧保持了中轴的对称。

1978 年国庆前夕，杭州剧院竣工，它成为了上世纪 70 年代中国剧院建筑的经典力作。1993 年被中国建筑学会评为“中国建筑学会优秀建筑创作大奖”，并被评为“杭州首届十佳建筑”。

1977 年 8 月，南斯拉夫总统铁托[15]应中国政府邀请来华进行正式友好访问。这是“文革”后我国接待来访的第一位外国元首。铁

•中国建筑学会建筑创作大奖

•杭州硬骨头六连展览馆
(1977 年，主要设计人：沈济黄)

15. 约瑟普·布罗兹·铁托（1892—1980 年）塞维利亚人，南斯拉夫政治家、革命家、军事家、外交家。1918 年，他加入了俄国共产党南斯拉夫支部。1945 年南斯拉夫联邦人民共和国成立，任联邦政府主席、最高统帅。

•1977年铁托在李先念陪同下参观杭州“硬骨头六连”连史陈列室

•杨廷宝（左）、唐葆亨、林克明（右）探讨旅游宾馆的设计方法

•1980年代在杭州商讨旅游建筑设计。左起：吴景祥、赵深、陈植、胡绪渭（唐葆亨摄）

托来访，拉开了我国新时期外交工作的序幕，在我国外交史上，占有重要的地位。访华期间，铁托总统参观了杭州“硬骨头六连”连史陈列室。

陈列室采用传统的穿斗式木构建筑的形式，悬山顶，大挑檐。它是体现唐葆亨设计思想的一个重要案例。铁托的来访，让唐葆亨重新思考中国建筑的走向，在国际化和中国传统之间，唐葆亨选择了后者，他再次尝试从传统文化中去寻找方向。中国要面向世界，要展示中国文化，建筑是最基本的媒介，建筑承担着传播文化的使命。当优秀的传统文化得到很好的传承时，它会慢慢地积聚一种力量，这种力量足以影响世界。从这个意义上讲，建筑是民族的，也是世界的。唐葆亨尝试探索一条从“民族性”出发，走向“国际化”通途。

20世纪80年代初，浙江省批准建造重要的涉外饭店望湖宾馆，省政府邀请了著名建筑师杨廷宝、林克明[16]、赵深、陈植[17]、吴景祥、唐葆亨来西子湖畔研讨方案设计的原则。之后，浙江省政府特别邀请了著名建筑师戴念慈[18]先生设计望湖宾馆方案。

戴念慈，早年毕业于中央大学建筑系，

•戴念慈提出的望湖宾馆
“五塔”方案（戴念慈绘）

•“五塔”方案对西湖天
际轮廓线影响分析图（戴
念慈绘）

1927 1945 1958

1984

时任中国建筑科学研究院总建筑师。20年前，唐葆亨设计改建汪庄（工程代号5801）的时候，戴念慈先生正在设计改建西湖的另一个著名庄园—刘庄（工程代号5901）。这两位来自不同“阵营”的建筑师，在西湖边的作品风格却是异曲同工，在传承传统文化的理念上，他们有着高度的一致。

戴念慈提出的构思是个“五塔”方案，也就是五座15层高的塔状建筑鼎立相拥，形成“塔”群。唐葆亨陪同戴念慈，在基地周边反反复复地踏勘，比较“五塔”方案和保俶塔的体量关系，并且做了方案模型，慎重推敲后，觉得“五塔”方案体量太大，对“三面云山一面城”的西湖天际轮廓线影响太大，最后决定放弃了这个方案。

设计一个方案并不难，难的是能够恰当地否定自己。戴念慈先生的这次睿智的“放弃”，为保护西湖的天际线做出了表率。

之后，唐葆亨接手了望湖宾馆的设计，对几个不同类型的方案模型反复进行斟酌和推敲。全面考虑了它对西湖景观的影响。最后选用了建筑师董孝论[19]的方案，该方案承继了戴先生的十字形平面，但把宾馆层数降低，东西向七层，南北向五层，宾馆规模由原先的1000个床位压缩到700个。建筑十

16. 林克明（1900—1999年）广东东莞人，中国近代建筑的先驱，建筑师、建筑教育家。1926年毕业于法国里昂建筑工程学院。1930年担任广州中山纪念堂建设工程顾问，1932年创办襄勤大学建筑系，任教授兼系主任。1945年任中山大学工学院建筑系教授。1965年任广州市城市建设委员会副主任。1975年任广州市基本建设委员会副主任兼总工程师，1979年任华南工学院教授，华工建筑设计研究院院长。代表作品有广州市政府合署、中山文献馆、广东科技馆等。论著有《城市规划概论》《现代建筑思潮》《建筑设计原理》等。

17. 陈植（1902—2001年）浙江杭州人，中国近代建筑的先驱。1915年考入北京清华学校。毕业后官费赴美在宾夕法尼亚大学建筑系学习，1927年，获柯浦纪念设计竞赛一等奖。1928年获建筑硕士学位，同年夏，到纽约伊莱·康事务所工作，1929年回国。1931年到上海与赵深合组建筑师事务所，并邀请童寯加入，1933年，事务所更名为华盖建筑师事务所，在沪、宁两地完成了大量的设计任务。1955年6月，陈植就任上海市规划建筑管理局副局长兼总建筑师，参与领导上海的城市建设。1957年任上海市民用建筑设计院院长兼总建筑师，在1958—1962年间，同时担任上海市基本建设委员会委员，从1957年到1982年，他在民用建筑设计院参加和指导了国内外的重要工程设计，使民用院逐步成长为全国甲级大型综合性设计院之一。

18. 戴念慈（1920—1991年）江苏无锡人，建筑设计大师。1938年考入中央大学建筑系，毕业后留该系任助教，历任建筑工程部中央设计院主任工程师和北京工业建筑设计院总建筑师、国家城乡建设环境保护部副部长、中国建筑学会理事长等职。1991年当选中国科学院院士。主要作品有，中国美术馆、山东阙里宾舍、斯里兰卡国际会议大厦等。

19. 董孝论（1938—）浙江宁波人，教授级高级工程师。1966年毕业于湖南大学建筑系，获硕士学位。同年在浙江省工业设计院从事建筑设计，历任浙江省建筑设计研究院主任工程师、副院长、院长、顾问总建筑师。曾参与设计杭州笕桥机场、望湖宾馆等重点工程。主要作品有：蔡永祥烈士纪念馆、厦门中山医院、杭州市解放路新华书店、湖滨外文书店（全装配构件）等。

1927 1945 1958

字相交，降低高度，减少体量，把建筑对西湖的视觉影响减到最少。这个方案使地处西湖之滨的宾馆“望湖”却不“扰湖”，很好地契合了湖滨的环境。唐葆亨感慨地说，望湖宾馆的方案是“站”在戴念慈先生的“肩膀”上做出来的。

多年以后，东南大学的朱光亚[20]先生为了设计杭州吴山上的城隍阁，曾在吴山上放气球，用来观察和研究适合西湖风景的建筑体量和高度。老一辈建筑师们对环境的尊重，对设计的苛求，令人肃然起敬。

1958年至1984年间，唐葆亨活跃在杭州的各个重点工程中，做了大量的设计工作，他认真地对待自己的每一个项目，认真地对待设计过程的每一个环节，并确立了自己工作的“准则”。

唐葆亨非常重视基地现场的调研。建筑强调特定的场所，强调建筑与外部空间的结合，建筑的个性很大程度上源于它特殊的地域环境。唐葆亨总是认真地调研每一个项目的现场，基地内部，基地周围，以及任何可以鸟瞰基地的地方，都是他驻足调查的范围。

1984年，唐葆亨承担了西藏体育馆的设计指导工作。然而，进藏前的两次体检

20. 朱光亚（1942—）江苏靖江人，东南大学建筑学教授，东南大学建筑设计研究院建筑遗产保护规划与设计研究所所长，主持我国第一个古建筑保护干部专修科的创办和教学组织工作，主要从事建筑遗产保护及相关理论、技术体系的研究，包括中国建筑遗产资源评估、传统建筑工艺抢救、传统建筑结构与构造机制、历史地带、名胜风景及遗址保护中的规划、设计及再利用研究。主要著作有《古建筑—中华国宝》《南京文物精华—建筑篇》等，参编《中国建筑史》等，承担过南京南唐二陵、南京宏觉寺塔、绍兴越王陵、绍兴沈园、临安钱王陵、杭州凤凰山宋宫城、杭州城隍阁、杭州雷峰塔等工程或可行性研究工作。

21. 顾乃敏（1927—2007年）江苏苏州人，1945年考入苏州东吴大学，1948年就读于贵阳医学院，1951年就读于浙江医学院。1954年任合肥医士学校外科教师兼任合肥人民医院外科医师，1956年任浙江医科大学附属二院肿瘤科医师，1963年调入浙江省肿瘤医院，历任住院医师、主治医师、主任医师。

•戴念慈和唐葆亨

•杭州望湖宾馆实景（1981年，主要设计人：董孝论、沈济黄等）

唐葆亨均不合格。他的妻子顾乃敏[21]，作为医生，绝不会建议一个年近花甲的老人，在各项指标都不合格的情况下贸然进藏；然而作为妻子，她非常了解自己的丈夫，项目在哪里，他必须去那里。她知道，去西藏给他内心带来的快乐，会比给他身体带来的风险多。所以，在顾医生的支持下，1984 年 4 月，58 岁的唐葆亨与他的团队一起，前往世界屋脊。唐葆亨认为，没有现场调研，就没有真正意义的设计。

唐葆亨非常重视实体模型的制作。建筑是造型的艺术，实体模型能够最直观地表达建筑的体形。唐葆亨所有的项目全部经过实体模型的推敲和研究。模型之下，没有所谓的“主次立面”，建筑的四个立面、还有“第五立面”，以及整个造型与环境的契合度都表现得一清二楚。这种依据实体模型的设计方法，使唐的作品能够经得起时间和空间的考验，成为一件件完整而持久的艺术品。

唐葆亨非常重视工地现场的设计。唐葆亨是一位名副其实的工地建筑师，他常常住在工地的工棚里，配合工人施工。杭州饭店小礼堂、浙江体育馆、杭州笕桥机场、杭州“硬骨头六连”连史陈列室等项

•1984 年唐葆亨在西藏

目的设计工作几乎全是在工地上进行的。在工地现场，一方面可以了解各种施工工艺，可以帮助工人解决构造方面的问题，更重要的是可以创造性地解决许多施工方面的难题。悬索屋面的排水方法、机场墙面的“速干墙布”以及那些变废为宝的材料利用，都是唐葆亨工地设计的成功案例。

唐葆亨非常重视竣工工程的总结。唐葆亨的重要工程都绘有竣工图，竣工图的初衷是真实纪录工程的完成状况，便于今后维修和改造。然而，在多次对比竣工图和施工图后，设计的好坏优劣、合理与否就渐渐清晰起来。经过多年对竣工工程的总结，唐葆亨练就了在图纸阶段，就能把控好设计的能力。

唐葆亨非常重视青年建筑师的培养。在浙江省体育馆、笕桥机场、杭州剧院这些重大工程的建筑中，唐葆亨通过建筑创作和设计技术上的把关和指导，带出了一支队伍，培养和造就了以沈济黄[22]、宋德生[23]、董孝论、张细榜[24]为代表的建筑设计中坚力量，为浙江省建筑设计院今后的繁荣建筑创作打下了人才基础。

唐葆亨还是一位虚心的好学者。他觉得别人可能会提供有价值的想法时，他总是认真地向他们请教，向他们学习，无论对方是行业资深的前辈还是初出茅庐的后生，无论对方是学校里的教授还是工地上的工人。总之，他向一切可以学习的人学习。

这一时期，唐最成功之处，是他用敬业、隐忍和坚持，奇迹般地躲过了一场风暴，在一个混乱而动荡的年代，他依旧创作了许多佳作，取得了骄人的业绩。

22. 沈济黄 (1938—) 上海人，全国工程勘察设计大师。1962 年浙江大学建筑学专业毕业，分配至浙江省工业设计院。后任浙江省建筑设计研究院副总建筑师，1988 年调至浙江大学，历任浙江大学建筑系任系主任、建筑设计研究院院长、建筑设计研究院总建筑师。曾参与设计浙江省体育馆、杭州笕桥机场、杭州剧院、浙江展览馆（毛泽东思想胜利万岁展览馆）、“硬骨头六连”展览馆等重点工程。主要作品有：中国水稻研究所、广厦白云国际会议中心、缙云博物馆、苏州太湖广场等。

23. 宋德生 (1935—) 福建福州人，教授级高级工程师。1961 年毕业于同济大学建筑系，同年在浙江省工业设计院从事建筑设计，后任浙江省建筑设计第二设计所副总建筑师。曾参与设计浙江省体育馆、杭州笕桥机场、杭州剧院等重点工程。主要作品有：山东大厦、杭州萧山国际机场、宁波中农信大厦等。

24. 张细榜 (1939—) 浙江平阳人，教授级高级工程师。1964 年毕业于天津大学建筑系，同年在浙江省工业设计院从事建筑设计，历任浙江省建筑设计研究院主任建筑师、第二设计所副总建筑师、上海分院总建筑师、院副总建筑师。曾参与设计杭州笕桥机场、杭州剧院等重点工程。主要作品有：上海金玉兰广场、浙江省行政中心 3 号楼、上海兰生大厦等。

•1984 年唐葆亨（左）、益德清、姚国梁
考察拉萨大昭寺的古建筑（许群摄）

1927 1945 1958

•一排左起：袁镜身、张开济、林乐义、张镈、王华彬、谭垣、杨廷宝、宋养初、林克明、吴景祥、刘鸿典、哈雄文、冯纪忠、汪定曾、伍子昴，二排左起：罗小未（左三）、张锦秋（左四）、徐尚志（左八）、戴念慈（左九）、陈翠芬（左十一）、汪子珍（左十二）、刘光华（右二），三排左起：俞庆康（左七）、唐葆亨（右五）、江一麟（右四）、张乾源（右一）

•2013 年 87 岁的唐葆亨去看望 100 岁的师长阮元卫，阮元卫是一位优秀的结构工程师，是唐葆亨最默契的合作者，也是唐葆亨非常敬重的师长

唐葆亨总建筑师

唐葆亨

总建筑师

1992

总建筑师

1984年10月1日，国庆35周年庆祝日，盛大的游行队伍通过天安门时，大学生们在游行队伍中亮出了“小平您好”的醒目横幅。这时的中国已经从“文革”的动乱中走出，国家的工作重心开始移向经济建设，经济政策从调控型的计划经济转为竞争型的市场经济。设计行业也逐渐由上级统一下达设计任务的模式转变为以招投标的方式取得设计权。

同年11月，唐葆亨任浙江省建筑设计院总建筑师。

建筑市场在快速地发展，而建筑教育在停止了十年后刚刚重新起步，自1977年恢复高考后，1982年才开始有少量的建筑学专业的毕业生。这一时期，建筑专业的毕业生稀缺得像国宝“大熊猫”。浙江省建筑设计院虽然有沈济黄、宋德生、董孝论、方子晋[1]、张细榜、蒋敖树[2]等经验丰富的老建筑师，但是年轻建筑师出现“大断层”，这个老牌设计院，在人才级配上正处于一个青黄不接的时期。

作为总建筑师，此时的唐葆亨正值“内忧外患”：内缺人才，外缺项目。仿佛“临危受命”：大敌当前，有强将却无精兵。

浙江省建筑设计院已经意识到设计人才的缺乏，实施了开办育才大学，组织“青年建筑师沙龙”，加强专业学习和培训，也加强与高校的联系，努力引进优秀的毕业生等举措。但是“十年树木，百年树人”特别是建筑设计人才的培养，更是一项旷日持久的工程。对唐葆亨而言，远水解不了近渴，当前“兵临城下”，他要立即带领“部队”投入“战场”。

唐葆亨“打”的第一场“战役”是杭州之江饭店方案投标。

1985 年 2 月，杭州之江饭店方案设计公开招投标。该项目建筑面积 3.3 万平方米，是浙江省首幢高层旅馆建筑，也是当时浙江省最重要的旅游接待宾馆，方案的招投

1. **方子晋**（1940—）浙江温岭人，教授级高级工程师。1965 年毕业于同济大学建筑系，1978 年在浙江省工业设计院从事建筑设计，历任浙江省建筑设计研究院副总建筑师、总建筑师、顾问总建筑师。主要作品有：杭州花家山宾馆、普陀山息来小庄、普陀山大酒店、浙江世贸中心等。

2. **蒋敖树**（1938—）江苏丹阳人，教授级高级工程师。1964 年毕业于合肥工业大学建筑系，同年在浙江省工业设计院从事建筑设计，历任浙江省建筑设计研究院副主任建筑师、主任建筑师、副总建筑师。曾参与设计杭州剧院、望湖宾馆等重点工程。主要作品有：西藏体育馆、浙江金马饭店、杭州市标力广场等。

•1980 年代浙江省建筑设计院聘请南京工学院建筑系的黄伟康教授作为育才大学答辩老师

标吸引了全国著名的设计院和高等院校。浙江省建筑设计院也是其中的一家，由唐葆亨负责组织方案设计。

二十世纪八十年代是一个设计资料匮乏的时期，国内已建成的高层旅馆也是凤毛麟角。唐葆亨通过院技术情报室设法收集并整理了国内外最新的高层旅馆资料，介绍给全院建筑师。

第一轮，发动全院的建筑师提供设计构思，共收到了 20 个草图方案。唐葆亨带领一支由院资深建筑师组成的评审团，对所有方案进行了评议，将 20 个方案有组织地归纳为 8 种不同类型的方案；

第二轮，邀请业主代表召开座谈会，倾听业主意见和建议，根据业主需求，选出其中 6 个类型的方案进行深化；

第三轮，邀请了浙江省规划、建筑方面的老专家对这 6 个深化方案进行评议；综合专家意见后，遴选出 3 个较为优秀的方案进行进一步深化。

在设计过程中，唐葆亨带领团队多次实地踏勘，做体块工作模型，反复推敲建筑形体的比例和尺度，研究主体建筑与周边环境和现有建筑的关系。

最后，结合国情，从经济的角度考量，选送了两个最优方案参加投标。

1985 年 4 月底，浙江省计经委组织省内外专家，对投标方案进行评选，评出一等奖、二等奖两个方案，而这两个方案正是唐葆亨所选送的。浙江省建筑设计院以“大满贯”的方式，取得了设计权。这也是“唐氏战术”的首次大捷。这位“士兵”出生的“指挥官”，首次以“战术”的方式，打

•杭州之江饭店实景

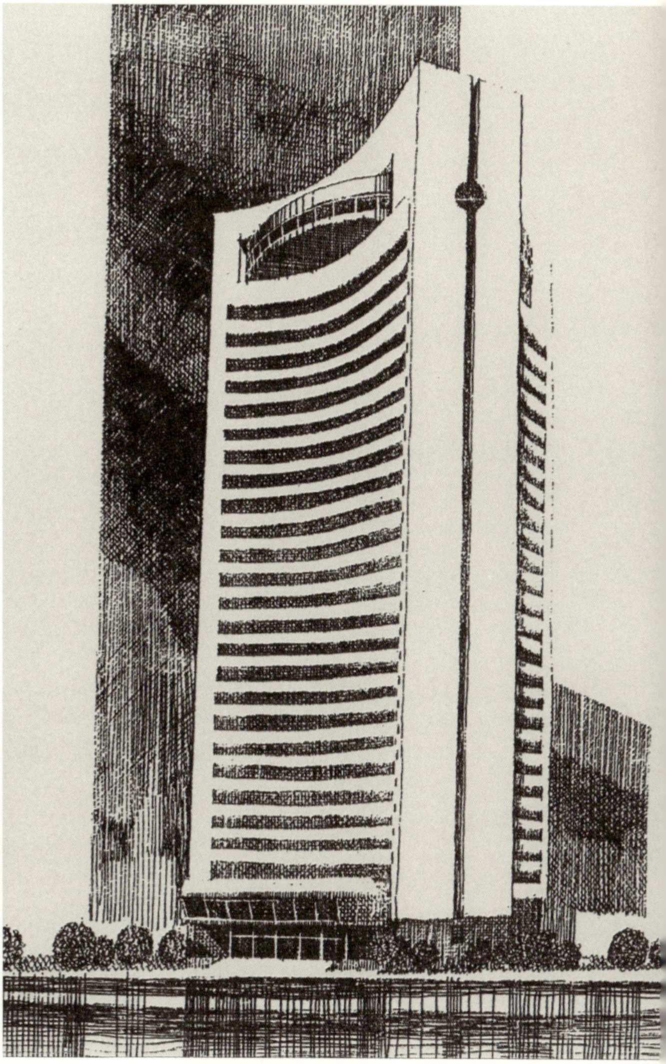
•杭州之江饭店一等奖获奖方案 (1985 年, 夏宗旸绘)

赢了这场“战争”。在年轻建筑师还没有成长起来的劣势下，借用老建筑师和老专家的群体优势，通过过程控制，获得了最佳的设计方案。

在之后的投标工作中，唐葆亨逐渐探索出一套行之有效的方案设计流程。首先，发动全院的建筑师，通过发散式思维，形成多方案的构思；然后，由院专家组进行甄别、对比，做出策略性的选择，将众多的方案汇总成几个不同类型的方案，再进行深化设计。提供多种解决方案，是唐葆亨设计策略的核心思想。

这种由老、中、青年建筑师“同台竞技”的方式，既可以使年轻建筑师看到自己在经验方面的欠缺，也可以令老建筑师感受到出自年轻人的创新点。同时，专家组的全过程参与，最有效地发挥了老一代建筑师的集体智慧。通过这样的设计策略，对方案的侧重点有了全局性的把控，不仅缩短了方案设计的周期，也提高了方案的质量。由于方案提供了多种优化的解决方法，从而取得了更大的中标可能性。最重要的是这种团队共同参与的设计方法很好地促进了年轻建筑师的成长。总之，在创作上“以青促老”，在技术上“以老带青”，

•唐葆亨与浙江省建筑设计院的专家组在评议方案

在工作上“老中青结合”。浙江省建筑设计院用这种方法，成功地走出经济转型时期人才短缺的困境。

通过唐葆亨多年的治理，浙江省建筑设计院的方案创作达到了空前的繁荣。据统计，1990 年，全院投标 23 项，17 项中标，中标率为 74%；1991 年，全院投标 18 项，15 项中标，中标率为 83%。

同时，浙江省建筑设计院的年轻建筑师也不断地成长起来，这些年轻人的教育背景五花八门，有职工大学的，有职业技校的，还有社会上测绘事务所招收来的年青学徒，这些勤奋好学的年轻人，都和那些名牌大学的毕业生一样，一一被“修炼”成称职的建筑师。在建筑业迅速发展的过程中，这些优秀的建筑师极大地充实了建筑设计行业，成为许多设计企业的核心力量，以致在很长一段时间，浙江省建筑设计院都被誉为职业建筑师的“黄埔军校”。

而建筑师唐葆亨在他担任总建筑师的八年间，几乎没有自己的设计作品，有朋友调侃唐葆亨这八年“荒废了正业”。这位“荒废了正业”的建筑师，这期间还留下了另一笔“财富”，那就是唐葆亨完成的华东传统民居的研究。

多年的建筑实践，唐葆亨越来越觉得自己对我国传统建筑的研究不够，尤其是在传统民居领域。江浙一带历来富庶繁华，在民间有许多优秀的民居作品，然而，多年以来，这些传统民居的“瑰宝”依旧“散落”或“深藏”在浙江广袤的山水之间。许多非常有价值的民居，甚至已经遭到严重的破坏。唐葆亨意识到，尽早尽快地研究、整理和保护这些民居，是自己义不容辞的责任。因此，唐葆亨选择了浙江民居作为自己研究的对象，对浙江的传统民居展开了全面而深入的研究。

对于这一点，当时有许多人并不理解：建筑师好不容易迎来了一个创作的好年代，好不容易迎来了一个赚钱的好时机，这位老先生却费心费力，乐此不疲地去“捣鼓”一堆“破房子”。为此，唐葆亨非常感激董孝论先生（时任浙江省建筑设计院院长），因为他的理解和支持，这项“毫无经济效益”的研究工作得以顺利开展。

•东阳民居（唐葆亨绘）

根据浙江的地形地貌，唐葆亨将他的研究对象分为三种类型：平原水乡型、丘陵盆地型和台地山区型。再根据民居的保存现状，他选择了绍兴、东阳、兰溪、天台的民居作为样板案例。他和他的团队实地调查和测绘了近百栋的优秀民居。

这些传统的民居建筑，根据不同地域的人文、气候和生活方式，在实用、经济、美观上有许多因地制宜地创造，非常值得现代建筑师借鉴和学习。

唐葆亨在这方面的研究成果，很快受到了国内外同行的关注，1986 年 9 月唐葆亨作为正式代表，出席在日本召开的第一届亚洲建筑国际交流会。

二十世纪八十年代，是一个“国际

•义乌民居黄山八面厅(金捷绘)

•兰溪芝堰民居(唐葆亨绘)

风”“现代风”盛行的时期，亚洲各国都热衷于学习欧美的技术和风格，而对本国固有文化的关注程度日趋减少。当亚洲大地的建筑和城市越来越趋同时，各国的建筑师们开始反思自己的设计理念，他们需要寻求一种新的建筑立场，来传承自己祖国的文明。

•1986 年唐葆亨在第一届亚洲建筑国际交流会会场

•1986 年唐葆亨和彭一刚在日本

“第一届亚洲建筑国际交流会”就是在这种背景下召开的。会议旨在探讨如何在现代化的进程中，在技术日新月异的发展中，发扬和传承本国优秀的传统文化。这次会议共有十四个国家和地区的代表参加，在关于继承传统和吸取外来文化的专题会上，唐葆亨做了《浙江地域的传统和建筑形式》的专题报告。向亚洲的同行介绍了我国浙江传统民居的特色。

唐葆亨总结了浙江民居的三个特点：第一，能够充分考虑气候条件，用各种简单、经济而有效的方法巧妙地解决通风、采光和排水问题；第二，能够结合环境利用地形，沿水而建，依山而筑，形成与自然和谐共生的特色民居；第三，能够较好地利用当地的资源优势，就地取材，将当地富产的材料，传统的工艺通过建筑的方式，形成独特的地域文化。唐葆亨的分析，观点清晰、深入浅出，引起了亚洲建筑师

3. **彭一刚**（1932—）安徽合肥人，建筑学家，建筑教育家。1953年毕业于天津大学土木建筑系并留校任教，1995年当选为中国科学院院士。著有《建筑空间组合论》等书，曾获梁思成建筑奖。主要设计作品有天津大学建筑馆、王学仲艺术研究所、天津水上公园熊猫馆、山东省平度市公园、山东省威海市刘公岛甲午海战纪念馆、伦敦中国城等。

4. **张祖刚**（1933—）北京人，建筑学家。1956年毕业于清华大学建筑系，在城建部城市设计研究院从事城市规划设计工作，1965年调入中国建筑学会。1984年起先后担任中国建筑学会副秘书长、秘书长兼《建筑学报》主编、中国建筑学会副理事长，中国建筑学会顾问。1987年作为创建人之一筹建中国科学技术期刊编辑学会，后连任三届该会的副理事长，并获这一学会颁发的"金牛奖"；2003年获得法兰西共和国艺术与文学骑士勋位。主要著作有《世界园林发展概论》、《中国传统民居建筑》（副主编）、《当代中国建筑大师戴念慈》、《建筑技术新论》（主编之一）等。

们极大的关注，对推动传统民居的研究产生了深远的影响。

这次日本之行的另一个收获，是遇上了天津大学的彭一刚[3]教授。这两位代表，一位来自天津，一位来自杭州，素未谋面，却一见如故，在探求传统文化的传承方面，他们可谓高山流水。这次"他乡遇故知"，更加坚定了唐葆亨的建筑理念，他感受到有像彭先生这样志同道合的"战友"，在祖国各地，共同推动着中华优秀文化的发扬和传承，他内心充满了喜悦。

正当唐葆亨在浙江民居研究方面初具成果的时候，他接到了中国建筑学会张祖刚[4]秘书长的邀请，邀请他参加编著《中国传统民居建筑》，主持编写华东地区的传统民居建筑。

•张祖刚和唐葆亨

这项工作量巨大，经费自筹，毫无报酬的工作，在唐葆亨眼里，却是一份"美差"，他觉得自己有机会去整理华东大区的优秀民居，是他的荣幸。

华东地区，80万平方公里的地域，多民族、多文化，其传统民居的类型、做法和布局，有着更为宽泛的表现，体现了巨大的差异，这正是此项工作最吸引唐葆亨的地方。他的研究对象从浙江拓展到华东地区，使他可以从更大的视野来审视这些优秀的作品。

由于工作量大，时间紧迫，唐葆亨需要寻找一位合作者。唐葆亨首先想到了一位建筑师，他知道，这位建筑师对江苏和安徽的民居已经有了系统的研究，有他的加盟必是如虎添翼。但是，不知道他是否愿意和自己一起来分担这份贴钱贴力的浩大工程。

为此，唐葆亨专程拜访了东南大学建筑系的王文卿教授。

王文卿，这位昔日的“学霸”已经成为此时的“大咖”。他和自己的老师钟训正[5]、孙钟阳[6]一起组建了著名的“正阳卿”设计小组。他对江苏、安徽民居的研究早已引起了唐葆亨的关注。唐葆亨正式邀请王文卿一起来担此重任。

令唐葆亨感动的是，王文卿欣然接受邀请，并且全力以赴。

多年以后，唐葆亨再次遇上王文卿，拿这事开玩笑说：“当年我拖你下‘水’了。”王文卿笑着回答：“遇上唐老师，我就主动跳下‘水’了。”

这两位传统民居的“超级粉丝”，理念上高度一致，又有丰富的研究经验，他们心有灵犀，默契合作，展现了惊人的工作效率。

5. 钟训正（1929—）湖南武冈人，建筑学家，建筑教育家。1952 年毕业于南京大学建筑工程系，先后任教于湖南大学、武汉大学，1954 年调至南京工学院建筑系。1997 年当选为中国工程院院士。现任中国建筑学会理事、中国建筑师学会名誉理事、江苏省土木建筑学会副理事长。代表性著作：《建筑画环境表现与技法》《建筑制图》；代表性论文：《景德镇博览区前区规划》《武警部队厦门疗养院规划设计》；他与孙钟阳教授、王文卿教授合建的“正阳卿”小组，在教学和科研的园地形成了严谨治学、学术民主、提携晚辈的风格。设计作品主要有：无锡太湖饭店新楼、兰州甘肃画院、海南三亚金陵度假村等；杭州胡庆余堂保继旅游中心设计获竞赛第一名。

6. 孙钟阳（1934—1996 年）浙江余杭人，1955 年毕业于南京工学院建筑系，并留系任教，曾任南京工学院建筑系副系主任。1988 年任教授。代表作有南京国家安全部 842 研究所。与钟训正教授、王文卿教授合建“正阳卿”小组。

1927 1945 1958

•《中国传统民居建筑》，主编汪之力

•《中国传统民居建筑》中国台湾省版

在半年的时间里，就完成了华东地区传统民居的初稿。

《中国传统民居建筑》于1992年3月全部完稿，1994年3月正式出版，此书一问世，就在业界引起了轰动，引起了国内外同行的高度关注，为此，山东科技出版社还出版了英文版，我国台湾省也再版了这部专著。欧美建筑师学会的负责人致信张祖刚先生称赞该书是“一部说明建筑与自然结合，很有建筑历史文化价值的专著。”

唐葆亨对中国传统建筑怀有全方位的兴趣和关注，他的建筑理念在他研究了华东民居，具有更辽阔和更丰富的文化视野之后，变得更为坚定和成熟。他要在我国民族和地域文化的传承上做更多的努力。他坚信：“中国建筑的根只有深扎在中国这块土地上，并与其悠久的历史文化血肉相连时，才有可能结出可喜的硕果。”他进一步地探索“如何走出一条立足传统，多元吸收，多元创新的具有中国特色的创作道路。”

虽然“中国特色”一直是众多中国建筑师追求和探索的目标，但是在创新和传承传统文化的过程中，并没有一帆风顺的通途，常常有“假古董”被“不小心”“制造”出来，“假古董”最负面的影响不是建筑本身，而是它对人们传承“民族形式”的信心有一种很大的摧毁力。要使公众建立这种信心，就要不断地营建“民族形式”的优秀典范。因此，在一片“国际风”盛行的时代，他却特别邀请了天津大学的彭一刚先生和南京工学院的钟训正先生，来浙江省建筑设计院合作设计。这两位先生，一南一北，都是建筑创作中传承传统文化的高手。在探索“中国特色”的道路上，唐葆亨“组建”了一支强大的“盟军”。

彭一刚先生应邀参加的是富阳新沙岛“农家乐”的规划设计，这可能是我国优质的设计资源最早涉足“农家乐”领域。

彭一刚先生长期致力于我国传统建筑文化的研究，特别是在中国传统村镇、民居、聚落等方面有很深的造诣。彭一刚先生带领他的研究生周恺[7]，聂兰生[8]先生带领她的研究生余茂林[9]，师徒四人，以极大的热情，投入了这个“农家乐”的方案设计。现在看来，这是何等“豪华”的全明星阵容。

富阳新沙岛是位于富春江江心的一座小岛，有着较好的自然景观和浓郁的江南风貌。他们深入调研了富阳农村，深入研究了富阳的民俗风情。他们立足于富阳的地域和文化特征，形成了组团分区的方案。

7. 周恺（1962—）1985年获得天津大学建筑系学士学位，1988年获得天津大学硕士学位，毕业后留校任教，1990年赴西德鲁尔大学建筑工程进修，1992年任天津高校建筑设计院任副总建筑师，1995年创办华汇工程建筑设计有限公司任总建筑师，天津大学客座教授。2016年获梁思成建筑奖。主要作品有：正中时代广场、天津自然博物馆、天津美术学院美术馆、天津历史博物馆、天津财经学院教学楼等。

8. 聂兰生（1930—）祖籍辽宁新民，出生于法国巴黎，著名建筑专家。1954年毕业于东北大学建筑系。1954年在天津大学建筑系任教（其间曾在河北省石油化工设计院工作14年），1983日本神户大学访问学者。历任助教、讲师、副教授、教授，1990年担任博士生导师；作品收录于著作《聂兰生文集》及《建筑创作漫步》中，曾兼《建筑学报》编委及建设部住宅产业化专家组专家。

9. 余茂林（1962—）1985年获得天津大学建筑系学士学位，1988年获得天津大学硕士学位。1990年移居加拿大。后在多伦多大学及哥伦比亚大学继续深造。1993年在多伦多合伙创建了诺杰工作室，后改名为诺杰建筑设计事务所。先后参与美国RTKL及KPF建筑事务所、加拿大WZMH和蔡德勒建筑设计事务所多项设计工作。

•彭一刚、唐葆亨和钟训正

•富阳新沙岛“农家乐”的农居设计（彭一刚绘）

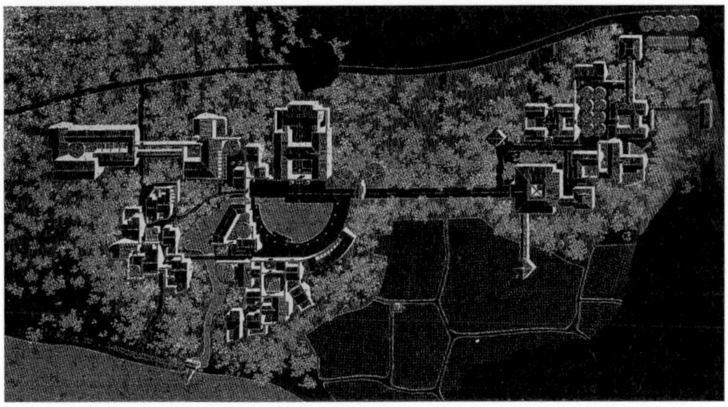

•彭一刚主持的富阳新沙岛“农家乐”的规划设计

1984 1992

西部桃源村以宗祠为中心，布置客舍式建筑群；东部作坊村由具有本地特色的手工作坊组成。“竹篱茅舍野径亭，桃源渔火稻香村”，整个方案就是一曲充满诗意的田园牧歌，那是多少个文人墨客诗画里描绘的桃花源，是多少个少小离家的游子梦里想回的老家。

戴念慈先生看到这个方案，也是赞不绝口，“爱不释手”。

钟训正先生应邀参加的是杭州胡庆余堂药研旅游中心方案设计。

“胡庆余堂”由清末“红顶商人”胡雪岩[10]创建。在我国中医药发展史上，胡庆余堂以其精湛的制药技艺和独特的人文价值，赢得了“江南药王”的称誉。“胡庆余堂”是我国罕见的工商业性质的古建筑群，也是徽派建筑的典范。

钟训正先生带领他的“正阳卿小组”创作的方案获得了设计竞赛第一名。方案采用传统江南街巷的格局，组织了商业街、庭院和广场，空间开合有致，尺度精巧宜人，巧妙地将传统的元素重组了一个具有现代化功能的商业中心。

建筑专家陈植先生看到这个方案后，极为“赞佩”，他在给唐葆亨的信中写道：

10. 胡光墉（1823—1885 年）字雪岩，安徽绩溪人，中国近代著名红顶商人、政治家。光绪初年，官居二品，赏穿黄马褂。1866 年协助左宗棠创办福州船政局。后主持上海采运局局务，为左宗棠借外债，筹供军饷和订购军火。在各省设立阜康银号 20 余处，在杭州开设胡庆馀堂，经营中药、丝茶业务，操纵江浙商业。后因经营丝业失利，资金链断裂，被革职查抄家产。

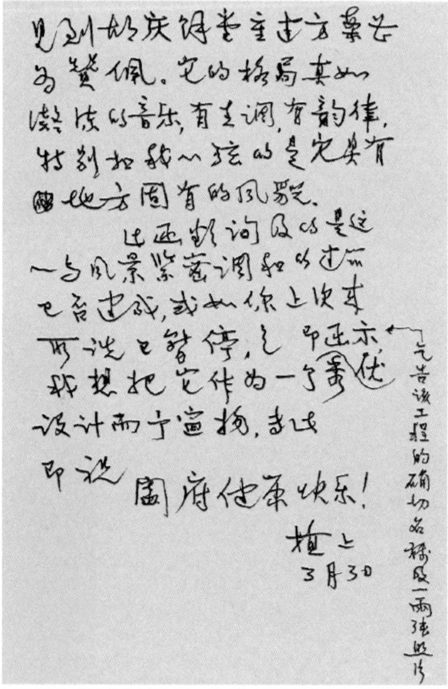
见到胡庆馀堂建筑方案甚为赞佩。它的格局真如激扬的音乐，有主调，有韵律，特别扣我心弦的是它具有地方固有的风貌。
此函所询及的是这一与风景紧密调和的建筑已否建成，或如你上次来所说已暂停，乞即函示，我想把它作为一个优秀设计而予宣扬。专此
即颂
阖府健康快乐！
植上
3月30
乞告该工程的确切名称及一两张照片

•陈植先生给唐葆亨的信

•钟训正先生主持的杭州胡庆余堂药研旅游中心方案

•杭州胡庆余堂药研旅游中心方案（钟训正绘）

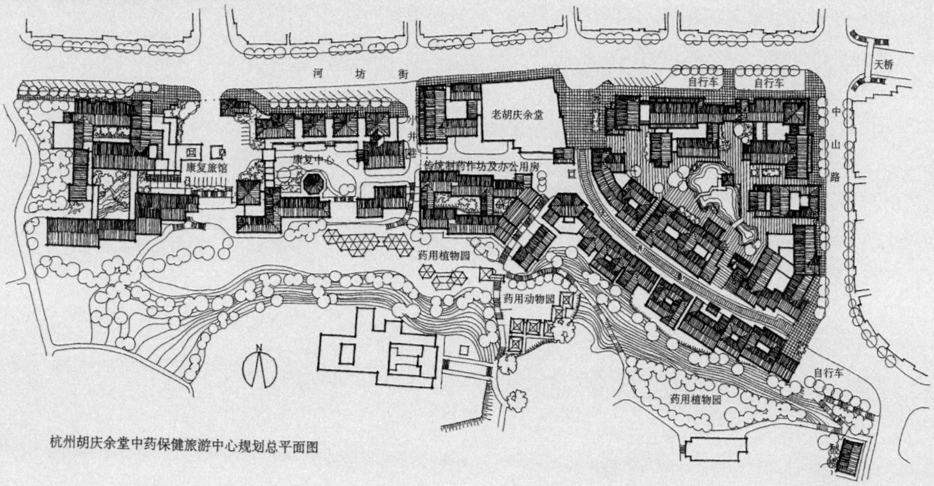

杭州胡庆余堂中药保健旅游中心规划总平面图

“它的格局真如凝固的音乐，有生调，有韵律，特别扣我心弦的是它具有地方固有的风貌。”

这两个方案强调地域、环境的因素，强调建筑文脉的延续，在传承和创新传统文化上，堪称经典。虽然由于各种原因，方案都未能实施，但是，这两个方案所表现的“民族形式”对这一地区的建筑设计产生了深远影响，极大地鼓舞了以唐葆亨为代表的职业建筑师们对地域和传统文化的探索。

杭州新新饭店东楼改造和绍兴饭店的改扩建工程，就是唐葆亨推行这种设计理念的两个重要案例。

新新饭店位于西湖北山路，建于民国初年，原址为上海最早连锁企业“何锦丰洋广杂货号”老板何宝林的宅邸，被称为何庄。1970年代末，在何庄旧址上新建了新新饭店东楼。东楼建成后，人们才意识到这栋建筑“伤害”到了西湖，它在功能上无可挑剔，但是在造型上，背离了这里的人文环境，就像在西湖这个精致的“皇冠”上按了一块生硬的石头。

1986年，在改建方案的研讨会上，唐葆亨以一张草图，打动了在座的专家。他将屋顶做了梯形的改造，立面做了契合环境的改良，柔化了建筑形态，以最少的代价，使建筑“华丽变身”，将西湖边这座突兀的楼房改造成一座恭谦、内敛的建筑，和北山路的“民国风”融为一体，而成为西湖风景的一部分。

唐葆亨将一块“生硬的石头”顺势打磨成了“宝石”。

如果说，新新饭店东楼的改造是延续城市景观的文脉，那么绍兴饭店的改扩建工程，则是用现代化的方式，成功地塑造了一个古越国的特色风貌。

•杭州新新饭店改建方案草图（唐葆亨绘）

•杭州新新饭店改建后实景

•改造前的新新饭店东楼

•改建后的新新饭店东楼，成为西湖一景（陶东明摄于 2015 年）

•绍兴民居（唐葆亨绘）

绍兴民居私家码头

浙江绍兴，是春秋时期越国的都城，南宋时曾为陪都，是中国江南著名的水乡城市，素有“水乡泽国”之称。绍兴民居，临水而筑，粉墙黛瓦，石桥沿廊，镶嵌在波光粼粼的河街水巷之中，“不出城郭而获山水之怡，身居闹市而有林泉之致。”这种独特环境孕育的独特风貌，唐葆亨称之为“中国建筑艺术的宝藏”，多年前，唐就开始了对这座“宝藏”的探究。比较典型的绍兴民居是临水民居和台门民居。临水民居依水而建，充分利用了河道资源，而享有四通八达的水系交通；台门民居为深宅大院，宅中有园，园中有宅，讲究空间层次和序列。绍兴民居在空间处理手法上，在与环境的契合上，可谓匠心独运。

•绍兴饭店庭院实景（蔡金福摄）

绍兴盛产黄酒，这种酒往往随着时间的久远而变得更为馥郁芳香。唐葆亨的设计方法在经历了多年的“酝酿”，日臻成熟，他已经能够从容地驾驭空间和文化的元素。在唐葆亨的引领下，绍兴饭店重塑了传统文明。

绍兴饭店原来是传统建筑“灵霄社”改建的招待所，在改扩建工程中，保留了原有的建筑、庭院和水池，运用绍兴民居的空间布局手法，组织扩建新楼，延续了原有的整体格局和艺术风格，巧于因借，形成了一组

错落有致，富于变化的园景建筑群。

绍兴饭店的设计特点主要有三个方面，一是它高超的空间处理手段；二是它对水面的巧妙利用；三是它回归传统又创新传统的建筑形式。

绍兴饭店的总体布局以水池为中心，周围环布餐厅和客房，用廊子串联空间。沿着连廊，穿行其间，步移景移，园内大小空间，似连似分，处处开合有致，层次丰富。各个建筑互为对景，在构图上，整组建筑形成了一个有机的整体，使人体验到连续而富有节奏的空间变化。

园中的水池被处理成深藏一隅的幽静水院，连廊临水而建，与池面曲桥相连，曲桥石栏低矮。宾馆的“私家码头”依岸而筑，在曲桥和码头之间的水湾里，乌篷船静静地停泊着。倚栏南望，水面波光潋滟，越过横卧的水廊，飞檐翘角，高低错落，远处府山的郁郁林木，历历在目。成功的造景和借景，而使这个水院成为全园的构图中心。

建筑以二层为主，局部三层，建筑形式秀美而富于变化。重要的公共建筑采用歇山顶，客房则采用悬山顶，部分采用带码头墙的硬山顶，以丰富视觉效果。这是将古代用于显示等级的建筑形制，转移到对公共和私

•唐葆亨在绍兴（钟华楠摄）

•绍兴饭店水院（唐葆亨绘）

•绍兴饭店水院实景（蒋纹摄）

密空间的区分上。设计将传统的盘常纹饰，作为母题运用在窗扇、栏板、屏风和门罩上，大堂的装饰以兰花为主体，既保留了古越民居的韵味，又简化了小木作的繁缛。建筑色彩采用白墙灰瓦，装饰部分为栗色，色调素雅明净，整组建筑充满了江南传统的气息，却保持了现代化宾馆的各项功能，是一个可游、可观、可居的特色宾馆。绍兴饭店在设计上“尊重、丰富并发展了绍兴民居”，而成为绍兴古城一处体验古越文明的重要场所。

在进行大量行政工作和设计研究的同时，唐葆亨还在浙江大学、浙江美术学院等许多地方担任建筑专业的课程老师，与其说是授课，还不如说是一种“布道”，他希望学生们通过自己的课程能够更好地理解建筑与美学的关系。

唐葆亨知道自己在单位里推行的“以赛代训”法，只是非常时期培养建筑师的“权宜之计”，真正的建筑教育还是得从大学抓起。唐葆亨对建筑学教育的关注、重视和身体力行，成功地促成了浙江美术学院环境艺术系的创建。

在唐葆亨看来，自 1952 年母校的建筑专业并入同济大学；1953 年实用美术系迁

•绍兴饭店（蔡金福摄，主要设计人：陈静观、朱秋龙等）

1984 1992

至北京，成为中央工艺美术学院的班底；这座西子湖畔的艺术学府，其学科的设置已经偏离了蔡元培先生的办学初衷。

清末民初，受日本建筑教育的影响，中国在工科体系中设置了建筑学，这种观念延续了很久，一直影响到 1952 年全国的院系调整。民初以后，在蔡元培提倡美育教育的背景下，西方的建筑教育体系也在我国得到发展。“国立艺术院”的创始人们认为，建筑是一种人类艺术的综合构成，“建筑之美，既是各种美之荟萃”，应该将建筑看成一个民族艺术发展的指标。他们在寻求“中国艺术的出路”的时候，他们发现了“建筑”这个载体，他们希望通过建筑的“艺术运动”，去传承和发扬中国传统艺术。

因此，1927 年，杭州“国立艺术院”成立之初，蔡元培先生就提出优先设立建筑专业。在中国民众都还不了解什么是“建筑”的年代，他们就聘请了建筑师刘既漂先生开始筹建建筑专业。他们从图案系“出发”，经历了漫长而曲折的历程，成功开创了中国美学建筑教育的先河。培养了江一麟[11]、奚小彭、滕绍文[12]、许以诚、朱保良[13]、赵振武[14]、罗

11. 江一麟（1911—2005 年）江苏无锡人，1934 年毕业于国立杭州艺术专科学校绘画系及建筑图案专业，从事建筑设计五十年，曾担任江苏省建筑设计院副院长兼总工程师、中国建筑学会第二至四届理事、省土木建筑学会秘书长等职，享受国务院特殊津贴。曾参与“国庆十大工程”的设计，是江苏省建筑设计的先导。主要作品有梁溪饭店天香楼等 3 幢民国建筑、原无锡市政府圆形会议室、徐州淮海战役革命烈士纪念塔和纪念馆、南京五台山体育馆等。

12. 滕绍文（1925—）四川青神人，高级建筑师，新疆美术家协会会员。1951 年毕业于中央美术学院华东分院应用美术系建筑专业。由中央人事部全国首批大学生统一分配到新疆工业厅工作。1956 年调到建工局设计院，后改名为新疆建筑设计研究院。1958 年主持北京人民大会堂新疆厅装修设计。主要作品有乌鲁木齐人民广场纪念碑、乌鲁木齐鲤鱼山观景亭等。

13. 朱保良（1925—）上海人，同济大学教授、上海住宅设计专家。1950 年就读于中央美术学院华东分院，1953 年毕业于同济大学建筑系。曾任中国村镇建设研究会理事，华东地区村镇建设研究会理事，上海市建筑学会村镇建设研究会副会长，《村镇建设研究》副主编，《中国民族建筑》编委、上海篇副主编。主要作品有：嘉定图书馆、秋霞圃饭店、河海大学图书馆和教学楼、上海教育学院图书馆、嘉兴高专金庸图书馆等，著作主要有《农民新住宅设计与建筑》《室内环境设计》《中国民族建筑“上海篇”》《新世纪农村住宅设计与施工》等。

14. 赵振武（1927—）北京人，就读于中央美术学院华东分院毕业于同济大学建筑系。曾任浙江大学建筑系教师。任浙江大学建筑设计研究院顾问，浙江树人大学客座教授。主要设计有：浙江省公安厅会堂、浙江绍兴农业银行大楼、宁坡城隍庙商城等。在古建筑修复方面有：浙江建德梅城北峰塔修复设计、梅城三江口江潇楼古建筑设计、浙江台州路桥区善法寺圆通殿及配殿修复设计等。主要著作有《普陀山古建筑》《广东佛山祖庙古建筑调查报告》等。

1927　　1945　　1958

无逸[15]等一大批优秀建筑师。

1980年代，中国迎来了新的建设高潮。当时奚小彭先生在北京主持成立了“中央工艺美院室内设计专业”，而南方的相关教育仍是一片空白。建设部希望浙江美术学院也能创办相关的设计专业。张钦楠[16]，时任建设部设计局局长，找到了唐葆亨商议此事。唐葆亨意识到，浙江美术学院的建筑专业在“离去”了30多年后，终于有了回归的机会，而自己恰恰有幸去促成这次“回归”，这是他的责任，也是他梦寐以求的心愿。他带着张钦楠的重托，开始了马不停蹄地奔走。

唐葆亨很快得到了浙江美术学院院长肖峰[17]的支持，然而，此事真正的阻力，仍旧来自“工学建筑”的观念。当时许多人认为，设计与艺术不同，设计不仅仅是为了美观，设计需要满足功能、工艺、结构的要求，需要大量的工科基础，不适合在美术学院办设计专业。实际上，建筑设计横跨工学和美学，无论从哪一边进入，各国都有成功的案例。唐葆亨本人就是毕业于美术学院的优秀建筑师。学科“通道”的多元共存，才是建筑学科最为健康的存在方式。

15. 罗无逸（1925—）江西赣州人，中央工艺美术学院教授。1950年7月毕业于中央美术学院华东分院。曾任职于建筑工程部北京工业及民用建筑设计院。参与人民英雄纪念碑的建筑艺术装饰设计及中国历史博物馆的室内设计工作。1956年后，在中央工艺美术学院室内设计系及环境艺术设计研究所从事教学及室内设计和家具研究工作。中国美术家协会会员、中国工业设计协会家具学会副理事长。论文有《室内环境的艺术质量》《中国历史博物馆门楣门厅金属花饰设计》《石林居》等。

16. 张钦楠（1931—）上海人，1947年留学美国，1951年毕业于美国麻省理工学院土木工程系。1952—1980年先后在华东建筑设计研究院、建筑工程部设计总局、中国建筑西北设计研究院、建筑工程部第一综合设计院从事建筑与工程设计。其中1985—1988年任城乡建设环境保护部设计局局长。1988—2000年先后担任中国建筑学会秘书长、副理事长。担任英国《建筑学报》地区编辑，中、日、韩建筑学会联合出版的《建筑理论》中方总编辑。主要著作和译作有：《阅读城市》《特色取胜》《现代建筑——一部批判的历史》《人文主义建筑》）等。

17. 肖峰（1932—）江苏江都人，油画家、艺术教育家。1950年就读于杭州国立艺专，得益于林风眠，黄宾虹，潘天寿，莫朴诸大师的教导。1953年以优异成绩被选送前苏联列宾美术学院深造。1960年在苏联毕业后回母校任教。1983年起任浙江美术学院院长。曾任中国美术家协会顾问、浙江省文联副主席、浙江美术家协会主席、中国油画学会副会长、中国艺术教育促进会副会长、国家教委艺术教育委员会委员、中国美术报社社长、全国政协委员。

尽管困难重重，唐葆亨不抱怨、不放弃。他和浙江美术学院的杨作友[18]、沈礼煌[19]等老师一起积极地推进这件事情。他们寻找各种机会，不遗余力地传播美学建筑的理念。唐葆亨相信这次的“回归”，比当年刘既漂的“白手起家”一定会“容易”得多。“设计系”办不了，他们就从办“设计班”入手，用教学实践和教学绩效来争取更为广泛的认可和支持。

就像当年林风眠聘请刘既漂一样，肖峰聘请了南京工学院建筑系的吴家骅[20]先生，来美院任教。1984年，浙江美术学院终于开设了环境艺术专业第一届大专班。创办之初，师资匮乏，唐葆亨多次亲自登台讲课，带授学生。这位建筑师为一件看似与自己毫不相干的事付出了大量的心血。

1984年，唐葆亨被肖峰院长聘为浙江美术学院环境艺术系客座教授。

今天，这个从“大专班”起步的设计专业，经历了吴家骅、朱光亚、王国梁[21]、王澍[22]历任“掌门”的努力后，已经发展成为一个具有国际影响力的建筑艺术学院。令唐葆亨欣慰的是，这个学院终于成为传承我国民族艺术和地域文化的重要阵地。

回顾这一时期，唐葆亨对中国建筑的贡献，不只在于他领导了一个迅速崛起的设计团队；也不只在于他在地域和文化的传承上做了更为深入的研究和实践；还有他在建筑教育的领域，为美学建筑的重生所做的不懈努力。

18. 杨作友（生卒年不详）1950年毕业于中国美术学院雕塑系。1956年任教于中央美术学院华东分院附属中等美术学院。1961年任浙江美术学院附属中等美术学校校务委员。1979年起在浙江美术学院教务处工作。

19. 沈礼煌（1922—2012年）江苏睢宁人，1945年就读于国立社会教育学院音乐系，1949年任职于杭州国立艺术专科学校，1950年任国立艺术专科学校秘书科长。1954年任教于中央美术学院华东分院附属中等美术学院，1956年任附中副校长。1979年起在浙江美术学院教务处工作。1985年离职休养。

20. 吴家骅（1946—）湖北恩施人，同济大学本科、南京工学院研究生毕业，获英国谢菲尔德大学博士学位。在南京工学院建筑系任教，为中国美术学院环境艺术系首任系主任。《世界建筑导报》总编、深圳大学建筑与城市规划学院教授。早擅长国画人物与山水；专著有*A Comparative Study of Landscape Aesthetics*、《环境设计史纲》等。近年致力于建筑设计实践，代表作有大禹祠、海瑞庙、王羲之故里、江西中医学院、南昌大学等。1997年担任深圳大学建筑历史与理论专业硕士点的学术带头人，支持该学科点的学术建设组织与教学工作。在建筑设计及其理论专业方面，以景观形态学、建筑形态学与城市形态学为切入点扩展了建筑学的科研与教学领域；主要研究方向为城市设计与建筑形态。

21. 王国梁（1943—）浙江湖州人，1965年7月毕业于南京工学院建筑系，同年留校任教，历任系副主任、主任。1997年7月调至中国美术学院，历任环境艺术系主任、艺术设计学系主任、设计学院副院长。主要专业研究领域为建筑与环境艺术史论研究。主编《浙江建筑史》《跨越与回归——浙江优秀建筑装饰设计与论文集》。代表作有平湖广电中心、中国美术学院象山校区生活后勤建设工程等。

22. 王澍（1963—）祖籍山西，1985年毕业于南京工学院建筑系，1988年东南大学建筑研究所获建筑学硕士学位。1988至1995年在浙江美术学院工作。2000年毕业于同济大学建筑城规学院，获博士学位。同年担任中国美术学院建筑艺术学院院长。2012年获得普利兹克建筑奖。主要作品有：中国美院象山校区、宁波博物馆、杭州南宋御街、上海世博会滕头馆等。

•1985 年，浙江美院院长肖峰、城乡建设环境保护部部长叶如棠、浙江省建设厅副厅长倪松年和唐葆亨商讨浙江美院兴办环境艺术系事宜

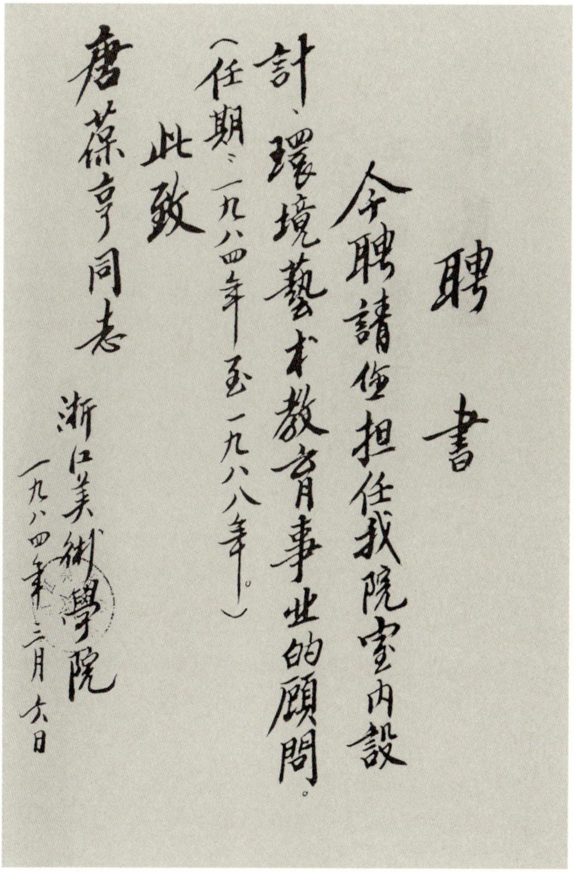

聘書

今聘請你担任我院室内設計、環境藝术教育事业的顧問。

（任期：一九八四年至一九八八年。）

此致

唐葆亨同志

浙江美術學院

一九八四年二月六日

•1984 年浙江美术学院向唐葆亨颁发的聘书

•1998年中国美术学院环艺九八届全体师生合影（前排左五唐葆亨）

1927 1945 1958

•1990 年代，唐葆亨已经做了外公，在家里更多时候被称为顾医生的先生，因为夫人顾乃敏此时已是浙江省著名的肿瘤外科医生，挽救了无数个疑难杂症的病人，在业界非常有名。虽然唐葆亨的作品为人们熟知，而建筑师唐葆亨依旧低调地躲在他作品的背后，觉得自己在专业领域还有很长的路要走

唐葆亨顾问总建筑师

唐葆亨
顾问总建筑师

顾问总建筑师

65岁，花甲之年，是一个放下工作，颐养天年的年龄。然而，对于唐葆亨，却是他职业生涯的又一个新开始。

作为建筑师，唐葆亨有自己清晰的建筑理念；而作为一个建筑设计院的总建筑师，唐葆亨更清楚自己必须尊重“百花齐放”。在他担任总建筑师的八年间，他致力推进的是以市场为导向的多元共存的创作方法，他致力营造的是自由宽松的创作氛围。期间，虽然在许多项目中也贯彻了他的设计思想，但是，他还是尽量将自己置于“赛场”之外，尽心尽力地做一个推年轻人“上场”的“教练”，尽心尽责地做一个方案创作的“裁判”，所以尽管出自“唐氏战术”的方案无数，中标方案无数，却极少有唐总自己的设计作品。

•1998 年唐葆亨（马国馨摄）

直至唐葆亨卸任总建筑师时，他才开始专注于推行自己的设计理念。

1992 年初，邓小平发表南行讲话后，中国的经济建设进入了一个新的发展时期，建筑业也得到了迅猛的发展，但是粗放而快速的经济增长方式也将建筑设计拖入了“快餐式”的怪圈。一座座新楼迅速地拔地而起的背后，设计变成了一种快速的“消费品”。在“快餐式建筑”四处弥漫的时候，唐葆亨依旧能够冷静地保持自我。他对自己设计理念的坚守，为这个浮躁的年代注入了一股清新的春风。这一时期，唐葆亨最具代表性的作品是宁波发展大厦。

1992 年 11 月，经国务院批准设立宁波保税区，保税区位于宁波北仑新碶，规划面积 2.3 平方公里。区内享有“免证、免税、保税”政策，是我国对外开放程度最高、政策最优惠的经济区域之一。但是此时的北仑新碶，刚刚被划入“保税区”，这片“沉睡”了多年的土地还没完全“苏醒”，只是它突然间拥有了全国最优惠的政策，而变得炙手可热。

1993 年唐葆亨应邀参加宁波保税区发展大厦的方案投标。相对于唐葆亨之前的那些设计作品，环境对这个建筑的约束简直“宽松”到了极点，当时基地四周一片“空白”，除了规划指标，这个项目可以任凭建筑师自由发挥。

然而，唐葆亨有自己的设计原则，这些原则启蒙于他的建筑教育，从他多年的职业生涯中逐渐形成，并得到了实践的检验。他在创作中一直坚定地遵循着它们，而使他的作品具有一贯的思想。

他首先遵循的是文脉原则。建筑有它的地域性和民族性，建筑的文化使命就是要传承地域和民族的文化。但是，唐葆亨认为，这种传承并非是形式的模仿，而是要认识形式所代表的文化和技术精神，真正理解中国传统的本质和内涵，并结合现代的功能和技术，加以表现。他的这一思想，被充分体现到发展大厦的设计中。

发展大厦是一座形式简洁而优美的大楼，这座建筑的造型让人联想不到中国的民族传统，但是唐葆亨的建筑思想决定了它的特色之处：这座建筑是属于中国文化的。他用自己独特的方式，诠释了传统的传承：他在这座建筑中植入了传统文化发展的“遗传基因”。

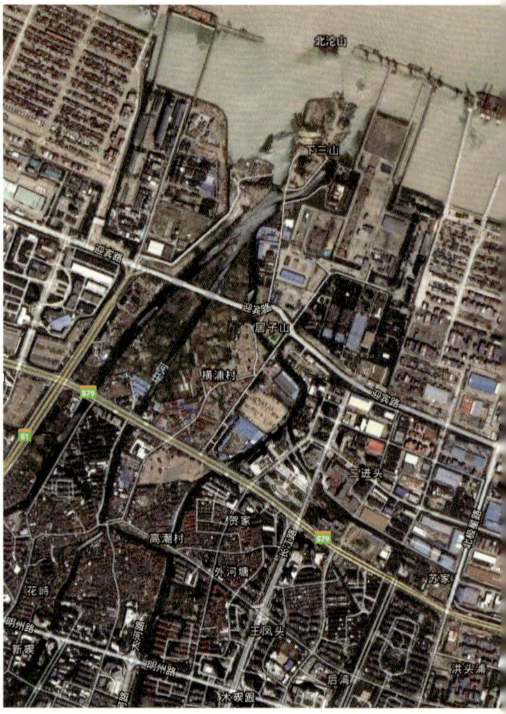

•发展大厦基地图

•宁波保税区发展大厦模型

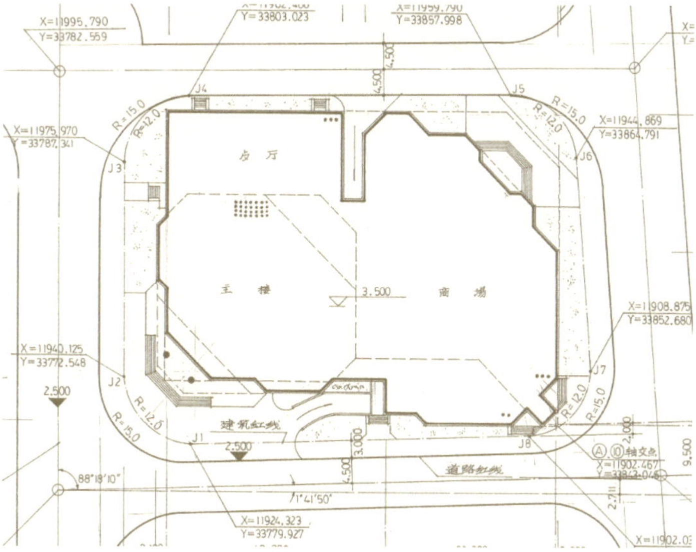

•宁波保税区发展大厦总图

发展大厦的主楼采用了八角形的平面。八角形所演绎的八卦，是中国文化的基本哲学概念，用八个方位来推演时间、空间和万物的关系。发展大厦地处产业发展的高地，唐葆亨以“八”和“发”的谐音，喻其迎八方来客，聚八方财源。借用“八角形”向现代建筑传递了传统文化寓含的讯息，而使这座大楼拥有了文化上的寓意。

在主楼的造型上，唐葆亨将八角形的平面，在不同的高度进行切割，形成由下而上的“收分”，使主楼的造型既稳定又轻巧，也使大楼具有一种向上发展的态势。在楼顶的处理上，唐葆亨借鉴了传统硬山式屋顶的样式，切出两个坡面，顶部的竖形窗则是表达了对屋脊的隐喻。

唐葆亨遵循的第二个原则是美学原则。他认为，一个真正具有影响力的建筑，不是因为它所处的位置，也不是它规模的大小，而是它在建筑艺术上的价值。设计要考虑建筑美的因素，并把它们表现出来。发展大厦的形式被恰当的比例和优美的造型强调了出来。材料的特性也似乎服从了唐的艺术思想，玻璃幕墙的运用，获得了不可抵挡的美学效果和造型艺术。他优雅的审美观使得他的作品超出了功能主义的

•1993 年宁波保税区发展大厦实景

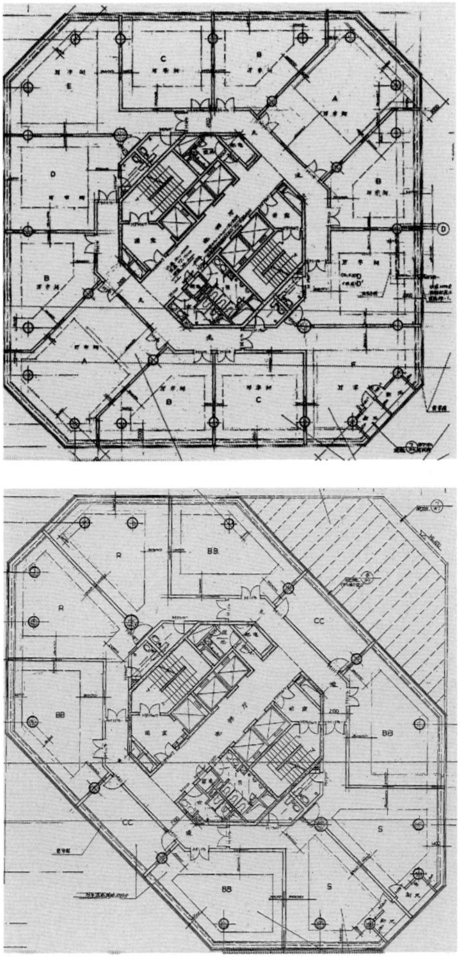

•发展大厦的主楼采用了八角形的平面

界限，而具有持久的艺术价值。20年后的今天，发展大厦也一点没有过时，仍然是北仑区一道亮丽的风景。

唐葆亨遵循的第三个原则，是创新原则。“创新”历来是建筑师最大的挑战，也是唐葆亨建筑思想中最重要的原则。唐葆亨认为建筑是特定地点的定制产品，唯有创新，建筑才有生命力。但他也认为建筑要忠实于功能，为了创新而寻求创新，只会令人走上歧途。他的每一件作品都是独特的，他坚守经济、实用、美观，用创新的手段来解决和协调各种矛盾。发展大厦的基地非常狭小，对比三角形、方形和圆形的平面，唯有八角形的平面利用率是最高的。它既可以使主楼和群房有最好的协调，也可以使主楼有最佳的朝向，还可以在底层留出最流畅的交通空间。在造型上，它没有模仿任何建筑，也与自己先前任何一件作品都不相同，是唐葆亨对基地，对环境，对文脉，对艺术的综合考量后提出的巧妙解决方案。

他既是传统领域的继承者，也是创新领域的开拓者。

1997年唐葆亨主持上海青浦革命历史纪念馆方案竞赛。方案有两个地块的选址，其中1号地块比邻陈云故居。70岁的唐葆亨和年轻的设计师们一起去陈云故居—青浦县练塘镇踏勘地形。这个千年古镇是一个多河多桥的水乡，“高屋窄巷对街楼，小桥流水处人家”。典型的水乡风貌引起了唐葆亨浓厚的兴趣。

对传统民居广泛而深入的研究，是唐葆亨富有成效的创作实践的基础，从这个意义上说，传统民居比现代建筑更具有优势，唐葆亨对传统的态度，使他很好地享用了这种优势。在上海青浦革命历史纪念馆方案设计中他将这种优势发挥到了极致。

这个项目的主要挑战是：如何将小体量的传统民居所蕴含的美，体现到大体量的纪念馆上。特别是1号地块，陈云故居近在咫尺，新旧建筑之间的协调变得更为重要。唐葆亨延续了民居开间的尺度，对屋面做了进深方向的切分，主屋面保留了传统的高脊双坡，白色的构架像椽子一样顺坡而下，在末端微微起翘，停在入口的低檐上。檐口倚着一对门阙，门阙造型简约，有向上的收分。两翼的展厅向外延伸，使入口形成自然的后退，在透视的“帮助”下，这座建筑显得“低矮小巧”，而与北侧的传统民居建筑群在风格和体量上都融

•陈云故居（唐葆亨摄）

•上海陈云故居暨青浦革命历史纪念馆1地块方案效果图（蒋纹绘）

•上海陈云故居暨青浦革命历史纪念馆1地块方案模型

•彭一刚先生的修改建议图（彭一刚绘）

•上海陈云故居暨青浦革命历史纪念馆 2 地块方案模型

•上海陈云故居暨青浦革命历史纪念馆 2 地块方案表现图（金捷绘）

为一体。唐葆亨用非常简洁的方式诠释了传统民居的意象，使这座建筑来自传统又高于传统。

2号地块对体量的约束较小，设计采用集中式布局，将正方形平面旋转45度，作为底座，上面收为六边形，在展厅中间升起一条贯通的“廊道”。这条廊道源于传统民居的山墙，在研究这片“山墙”的形式时，青年建筑师黄山农[1]提出了一个带梯形洞的方案，唐葆亨认为这个方案创造性地发展了传统漏窗的造型，就大胆采用了这位年轻人的创意。

经专家评审，唐葆亨的这两个方案，1号地块的获得一等奖，2号地块的获得了二等奖。成为奖项最高并且最多的参赛单位。

彭一刚先生非常喜欢这两个方案，他还对2地块的方案提出了具体的修改意见。建议“山墙”按江南民居的风格，做层层的递落。正是这个建议，我可以更清楚地解释唐葆亨的设计思想。他的每次设计都是传承和创新的博弈，因为他知道，今日的创新有可能是明日的传统，但也有可能成为设计的败笔，这个需要智慧、勇气和远见。这片墙是回归“山墙”，还是再往前迈出一步？由于这个方案没有实施，两

1. **黄山农**（1967—）浙江杭州人，教授级高级工程师。1989年毕业于浙江大学建筑系，同年至浙江省建筑设计院从事建筑设计工作，现任浙江省建筑设计研究院副总建筑师。主要建筑设计作品有：杭州东方金座、厦门聚泰商业城、杭州吴山商城、海宁市政府、杭州千岛湖度假村等。

•1999 年义乌市旧城改造方案鸟瞰图

位大师的间的“华山论剑”就没有继续。尽管如此，唐葆亨在大体量的建筑中尝试传统风格，还是获得了业界的认可。

虽然由于种种因素，这两个方案都没有实施，但它们仍然是唐葆亨实践民族的现代主义建筑的优秀案例。

在漫长的城市发展过程中，各个城市由于不同的自然环境，不同的历史积淀，不同的人文特征，形成了不同形态和风格的城市特色，而成为丰富多彩的城市文化重要组成部分。然而，随着城市化进程的不断推进，“拆旧建新”这种“经济而有效”的建设方式，在二十世纪末的中国，被普遍采用。这一时期，在人们的意识中，除了“文物”和“历史名城”，其他的历史遗存都可以大拆大建。这种以“经济发展”为由，简单粗暴的城市建设模式，无情地吞噬着我们脆弱的城市文明。

眼看着那些城市记忆被不断地“蚕食”，唐葆亨开始思考，如何在如火如荼的城市建设中，保护城市的文化遗产，延续城市的特色风貌。

在义乌市旧城改造暨市民广场建设规划中，唐葆亨实践了自己城市设计的思想。

72 岁的唐葆亨，不辞辛苦，和该项目的负责人金坤[2]一起，多次赴义乌查勘现场，了解现状。针对历史街区、老旧建筑，如何在城市发展中保留下来，并发挥作用。他提出了“延续城市文脉和发展城市特色”的设计理念。

该方案主要的思想是：

一是保护城市的历史遗存和传统风貌，通过规划使之摆脱过多的功能重压，在保护区的旁边，建起一组与之有联系的新区，承担商业、贸易、综合服务等功能，而使历史街区仍然能够保留文化和生活的功能，而提升这片地区的城市活力。

二是使新的城市空间有着清晰的结构，组织起协调的交通体系，用建筑的风格来表达城市空间的特点，用合理的功能布局营建城市运行的和谐与秩序，为市民们营造一个充满活力的公共活动空间。

1999 年 5 月，唐葆亨指导的这个方案，

2. 金坤 （1972—）浙江台州人，教授级高级工程师。1994 年毕业于浙江大学建筑系，2014 获工学博士学位，1994—2015 在浙江省建筑设计研究院，从事建筑设计工作，2015 年调任东南大学建筑设计与理论研究中心教授。2016 年任浙江省建筑设计研究院联合建筑设计所（筹）负责人。主要设计作品有：台州体育中心、杭州西湖国贸中心、中国婺剧院、海盐剧院、义乌市旧城改造及市民广场建设等。主要著作有《综合高效专业多元——公共体育场馆建筑设计特征研究》。

•唐葆亨和年轻人一起现场踏勘

在十个参赛方案中脱颖而出，获一等奖，成为中标实施方案。该项目成为浙江省旧城改造的成功案例。九年以后，2008 年中华人民共和国颁布了《历史文化名城名镇名村保护条例》，至此，对历史街区的保护才成为共识。

除了在建筑设计和建筑理论方面的探索，唐葆亨对建筑教育也有自己独到的见解，他在建筑教育上注重美学、注重多元、注重引导，而使他领导的团队，成长了很多优秀的建筑师。

唐葆亨认为作为建筑师，最基本的素养应该是美学素养，美学素养并不是一种“技能”，并不是在短时间里可以学会，并可以“学以致用”的。美学素养是一种根植于内心的修养，它的形成需要漫长的“修炼”，在建筑学教育的启蒙阶段，就应当先埋下“美育”的“种子”，这就是唐葆亨坚持不懈地去促成美学建筑重建最根本的原因。

•2003 年唐葆亨在钱塘江畔（蔡金福摄）

唐葆亨在建筑设计上推崇地域和民族文化的传承，但对青年建筑师，他更注重多元设计思想的培育，他认为他的设计思想只是代表一种流派，而一个强有力的设计团队，应该对各种思潮兼容并蓄，一枝独秀不足道，百花齐放才是春。他致力于培养不同风格的建筑师，来丰富我们的创作舞台，所以，虽然他的建筑作品有一贯的思想，而他培养的建筑师，却是风格迥异，充满个性。

为了培育这种珍贵的“个性”，唐葆亨极少将自己的观点强加于人，他总是设法找出对方的“闪光点”，哪怕是“极其微弱的亮点”，然后顺着对方的构思，慢慢地引导，努力让这一点“星星之火燎原”。常常有年轻人说，在所有的前辈里，我们最不怕的是唐总。“不怕”是因为唐总脾气极好，即便我们没有听从他的建议，他也不会生气，但他会不厌其烦、反反复复地来和我们沟通。最后，我们遵从他的建议，不是因为怕他，而是我们终于意识到，他是对的。“随风潜入夜，润物细无声。”唐葆亨就是以这种方式启发和指导年轻建筑师。

2003 年唐葆亨获梁思成建筑提名奖。2004 年，中华人民共和国建设部授予唐葆亨“设计大师”称号。

但唐葆亨并不认为自己在专业领域有值得炫耀的东西，他只是在实现前辈传递给他的设计抱负。他用创新的手段，用美

•2004 年建设部授予唐葆亨“设计大师”称号

•2003 年唐葆亨、程泰宁、胡绍学获梁思成建筑提名奖

1927 1945 1958

•工作是一种生活方式

•2015 年唐葆亨在指导临安滨湖新城的方案设计

的形式，让建筑来传承中华文明。他低调而谦和，他把自己每一次的成就都归因于团队的共同努力，而他个人“只是运气比较好罢了”。他淡泊名利，无论是设计城市的标志性建筑，还是背街小巷里的小楼，他都一丝不苟，亲历亲为；无论是商业设计，还是义务劳动，他都认真对待，殚精竭虑；无论被贬为“黑五类”，还是被尊为“大师”，他都心平气和，全心投入。他每一件作品建成的那一刻，都令他欣喜。我一直在寻找，这种喜悦的来源。究竟是什么原因，会让他对自己的专业有如此持续的激情？究竟是什么原因，让他能够超越金钱、地位和荣誉去专注设计本身？

1989 年，唐葆亨夫妇在美国探亲，朋友告诉他国内发生“内乱”，他俩可以找个理由留在美国，唐葆亨夫妇却马上结束休假，提前回国。唐葆亨说，他不担心国内发生了什么，他只担心回不了国；他也不需要知道国内发生了什么，他只知道如果离开祖国，他的幸福就无处安放。

1942 年，家乡兰溪沦陷，为了躲避日军，年幼的唐葆亨曾躲在乱坟堆里过夜；也曾藏在狭小的木楼梯下面，踩着松软的柴薪，气都不敢喘，侵略者就在楼上翻箱倒柜，踏得楼板吱吱响。少年时代这种毛骨悚然、命悬一线的经历，让他深感弱国的悲哀。如果一个国家不够强大，她的人民就没有幸福可言。所以，他幼小的心灵就萌发了强烈的使命感，为祖国的繁荣富强出力，成为他内心最原始的动力。

1946 年，在实业救国思潮的影响下，他选择建筑师作为职业。好的建筑作品是他能够给予祖国的最好礼物，工作是他为国效力的方式，为国效力则是他幸福的源泉，所以，他越勤奋越快乐，这种快乐经过长年的积累和酝酿，渐渐地成就了他的心量和通达。

唐葆亨的钢笔画《逝去的风景——民居建筑》

面对纷繁的世界，他把自己的才华和智慧悄然隐于“运气”之中，他能够不急不躁，不争不浮，不愠不怒。他微笑着走在我们中间，用他的温和与坚毅，慢慢地影响着我们。

2012 年，唐葆亨的钢笔画《逝去的风景——民居建筑》出版。

2013 年，唐葆亨主持福建省湄洲湾职业技术学院迁建工程的方案设计，共有 6 家著名设计单位参加投标。这一时期，设计市场的竞争已从昔日的“垄断竞争”发展为“完全竞争”，竞争的激烈程度已经达到了“白热化”。尽管如此，唐葆亨的方案获得第一名，成为中标实施方案。

2015 年唐葆亨指导了浙江省临安滨湖新城的方案设计，方案力挫群雄，成为中标实施方案。这一年，他 88 岁。

每一个工作日，年过九旬的唐葆亨仍会准时来到办公室，工作已经成为他的生活方式，他工作着，享受着。

他的眼神是慈祥的，身势是恭谦的，心灵是宁静的，令人如沐春风。

太平陂干渠
加岭峰

•图书馆

•体育场看台

•二期教学实训

•湄洲湾职业技术学院迁建工程总平面图

参考文献：

[1] 兰溪城关镇志编纂领导小组 . 兰溪城兰镇志 [M]. 杭州：浙江人民出版社，1987.
[2] 林文铮 莫忘记了雕塑和建筑 [J]. 亚波罗，1928，11 (4)：5–7
[3] 吴冠中 李浴 李霖灿等 . 烽火艺程 [M]. 杭州：中国美术学院出版社，1998.
[4] 郑朝 . 散稿拾掇 [C]. 杭州：拂晓寻踪编委会，2009.
[5] 中国美术学院 50 年代校友会 . 外西湖时代 [M]. 杭州：浙江摄影出版社，2013.
[6] 黎志涛 . 杨廷宝 [M]. 北京：中国建筑工业出版社，2012.
[7] 黄普霖 . 现代建筑 [M]. 台北：华联出版社，1979.
[8] 徐苏斌 . 近代中国建筑学的诞生 [M]. 天津：天津大学出版社，2010.
[9] 黄晓菲 . 追根溯源继往开来 [M] //新设计 . 中国美术学院设计学院编 . 杭州：中国美术学院出版社，2006:86–88.
[10] 浙江西子宾馆 .G20 峰会欢迎晚宴全过程 [OL].http://www.xizihotel.com
[11] 院史编写组 . 清华大学美术学院（原中央工艺美术学院）简史 [M]. 北京：清华大学出版社，2011.
[12] 彭一刚 . 往事杂忆 [M]. 北京：中国建筑工业出版社，2012.
[13] 刘敦桢 . 中国古代建筑史 [M]. 北京：中国建筑工业出版社，1984.
[14] 钱锋 伍江 . 中国现代建筑教育史 [M]. 北京：中国建筑工业出版社，2007.
[15] 姜涌 . 建筑师职业实务与实践 [M]. 北京：机械工业出版社，2007.
[16] 鲍家声 杜顺宝 . 公共建筑设计基础 [M]. 南京：南京工学院出版社，1986.
[17] 葛如亮 . 体育馆建筑论文集 [C]. 成都：西南地区建筑设计标准化办公室，1981.
[18] 许春初 章清 . 杭州的标志性建筑在哪里 [N]. 钱江晚报，1997–1–22 (10) .
[19] 叶全新 仲向平 . 城市脸谱 [N]. 杭州日报，2013–12–8 (6) .
[20] 仲向平 . 美学建筑孜孜以求 [EBOL].http://www.hzsscqwhg.com/Literature/ShowArticle.asp?ArticleID=1868
[21] 唐葆亨 . 新中国著名建筑师 [J]. 建筑师，1983，(3)：144–147.
[22] 杨永生 . 中国建筑师 [M]. 北京：当代世界出版社，1999.
[23] 唐葆亨 . 唐葆亨钢笔画 [M]. 北京：中国林业出版社，2012.
[24]《建筑创作》杂志社 . 中国建筑设计三十年 [M]. 天津：天津大学出版社，2009.
[25] 彭一刚 . 彭一刚文集 [M]. 武汉：华中科技大学出版社，2010.

[26] 彭一刚 . 传统现代融合 [M]. 香港：JHW PRESS LIMITED ，2010.
[27] 钟训正 . 脚印建筑创作与表现 [M]. 北京：中国建筑工业出版社，2000.
[28] 汪之力 张祖刚 . 中国传统民居建筑 [M]. 济南：山东科学技术出版社，1994.
[29] 浙江省工业设计院等 . 采用鞍形悬索屋盖结构的浙江人民体育馆 [J]. 建筑学报，1974，(3)：38—43.
[30] 唐葆亨 . 旅游旅馆建筑设计笔谈选址规划 [J]. 建筑师，1980，(5)：6.
[31] 浙江省工业设计院剧院设计小组 . 杭州剧院设计 [J]. 建筑学报，1980，(1)：1—7.
[32] 唐葆亨 . 体育馆建筑创作浅谈 [C]//《体育馆建筑论文集》. 成都：西南地区建筑设计标准化办公室，1981.
[33] 唐葆亨 . 对我国七十年代几个新建剧院的意见 [J]. 建筑学报，1981，(3)：45—47.
[34] 唐葆亨 . 城市住宅的多样化 [C]// 中国建筑学会建筑设计学术委员会，一九八二年学术工作会议论文 . 北京，1982.
[35] 唐葆亨 . 浙江地域的传统和建筑形式 [J]. 建筑学报，1987，(1)：40—45.
[36] 唐葆亨 . 义乌传统民居建筑文化初议 [J]. 建筑学报，1990，(5)：56—59.
[37] 唐葆亨 . 传统与现代建筑文化的融合 [J]. 建筑学报，1991，(11)：50—53.
[38] 唐葆亨 . 江南水乡 _ 绍兴民居 [J]. 建筑学报，1992，(9)：52—56.
[39]Tang Baoheng.Vernacular Dwellings in YIWU, Zhejiang Province[J].Building in China,1993,(3):51—56
[40] 唐葆亨 金捷 . 宁波保税区发展大厦 [J]. 世界建筑导报，1995(2).49—49.
[41] 唐葆亨 . 拳拳的情谊深深的怀念 — 忆建筑大师佘南 [J]. 建筑学报，1999，(3):57—58.
[42] 金坤 杨海英 唐葆亨 . 和谐与统一 [J]. 建筑学报，2005，(9):66—69.
[43] 金坤 舒捷华 唐葆亨 . 台州市体育中心规划及主体育场 [J]. 建筑学报，2005，(12):56—59.
[44] 魏强 景政治 唐葆亨 . 城市中心区的建筑综合体与城市主空间 [J]. 新建筑，2006，(4):91—96.
[45] 金坤 唐葆亨 . 城市特色和历史文脉 [J]. 建筑学报，2006，(12):21—23.
[46] 金坤 唐葆亨 . 台州国家网球训练基地 [J]. 建筑学报，2007，(5):42—43.
[47] 金坤 唐葆亨 . 义乌市梅湖体育馆 [J]. 建筑学报，2008，(3):54—56.

书中的图片，除注明出处的，其他图片皆由唐葆亨先生提供。

唐葆亨

作品欣赏

1927 1945 1958

1927 1945 1958

•1949 年唐葆亨自画像

1984 1992 2017

1927 1945 1958

1984 1992 2017

1927 1945 1958

•1980 年代戴念慈来杭州设计望湖宾馆提出了“五塔”方案（唐葆亨收藏的戴念慈设计手稿）

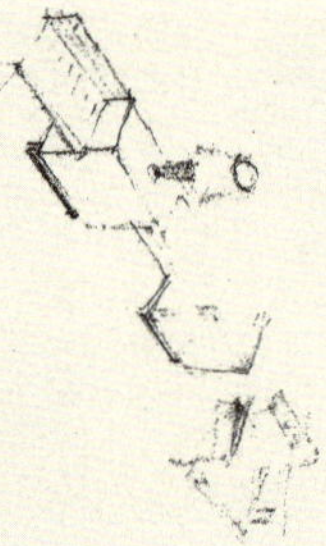

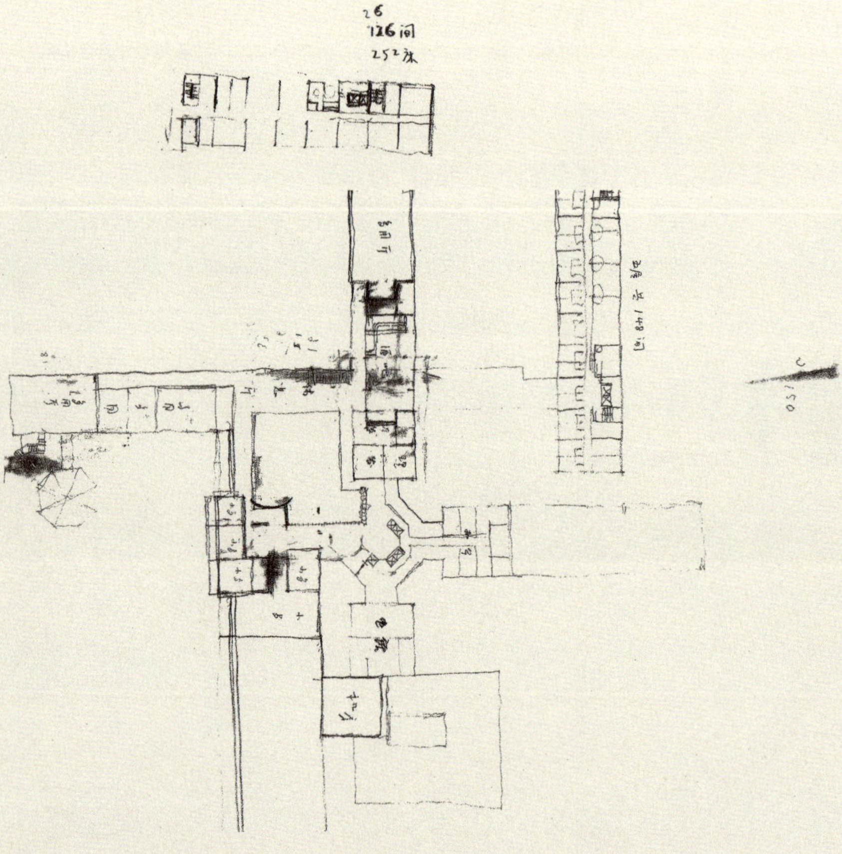

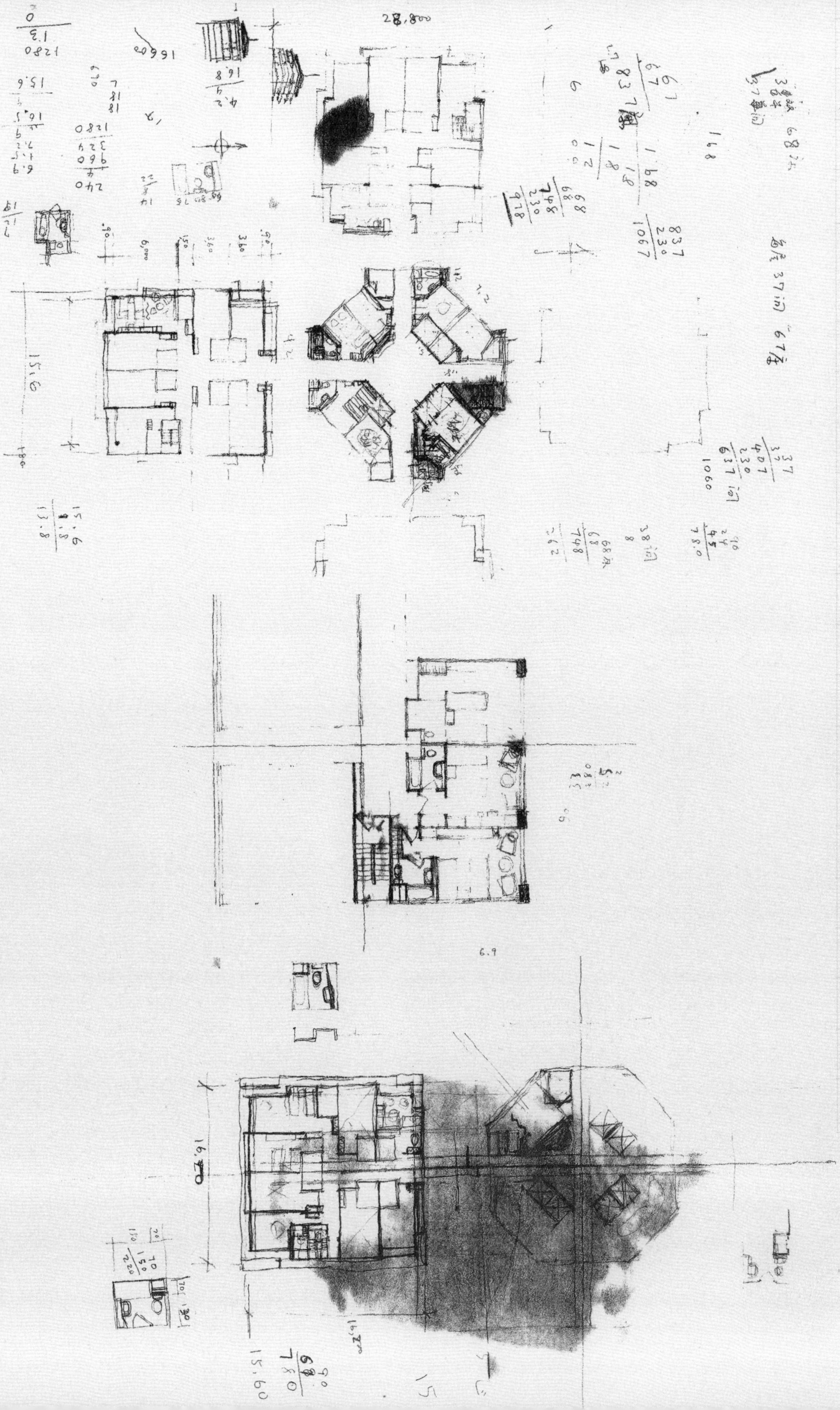

•1980 年代戴念慈来杭州设计望湖宾馆提出了“五塔”方案（唐葆亨收藏的戴念慈设计草图）

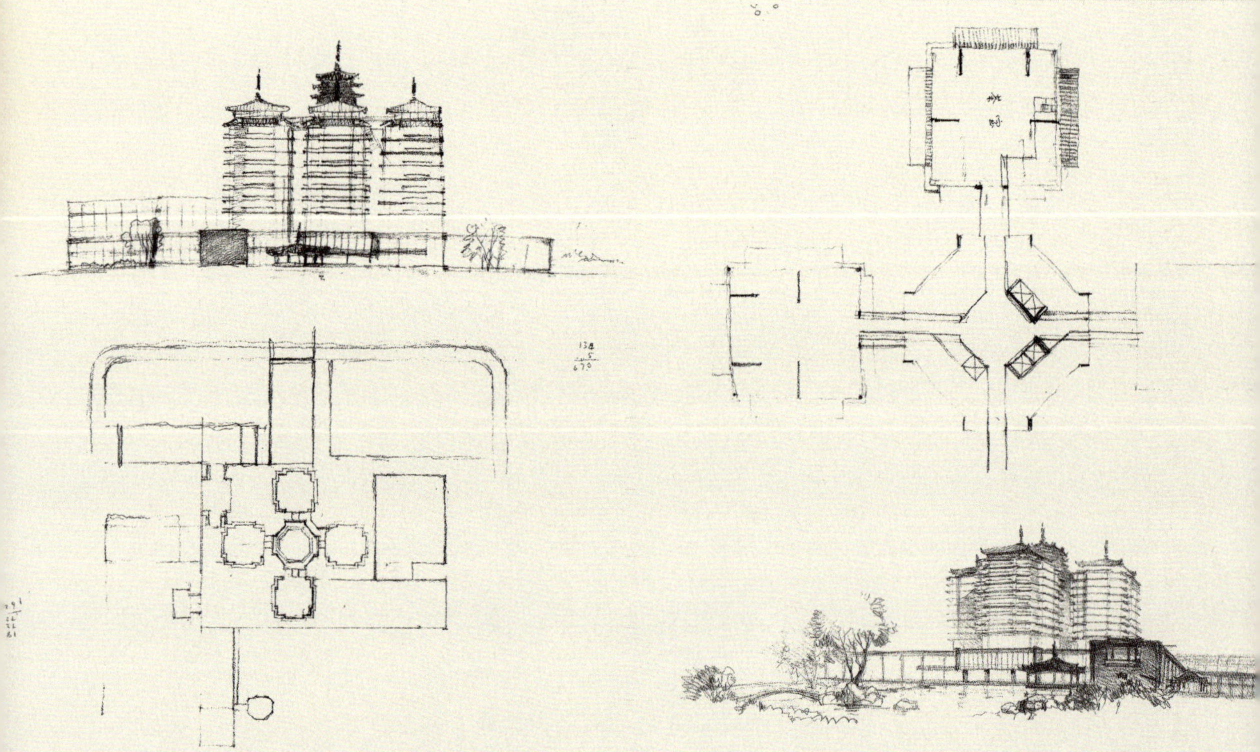

1927 1945 1958

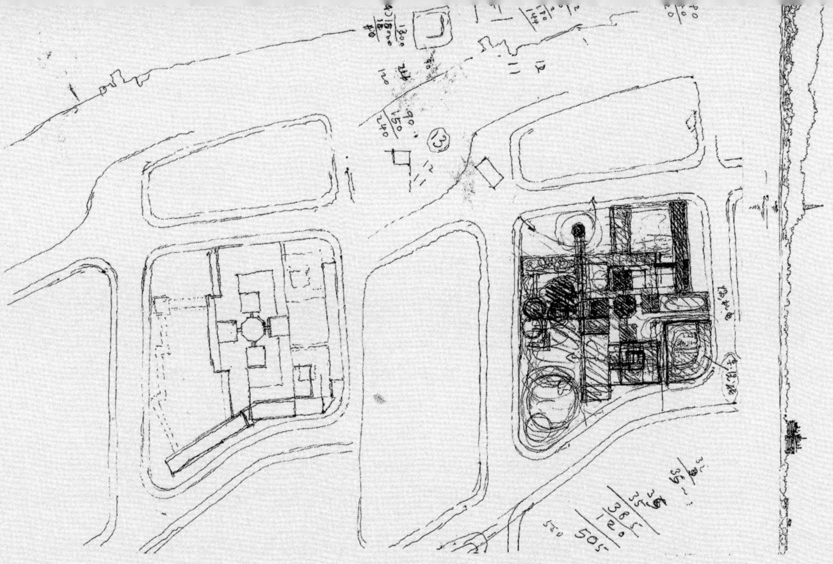

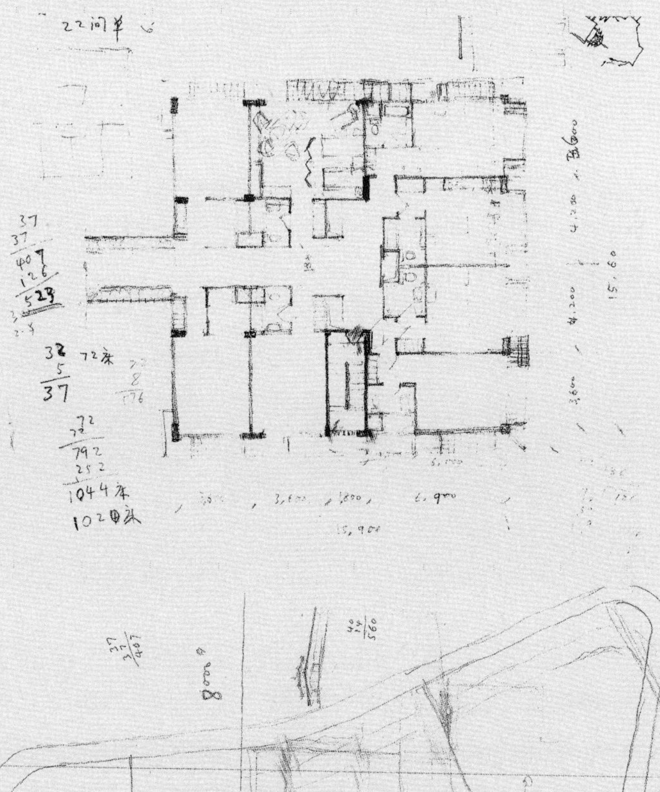

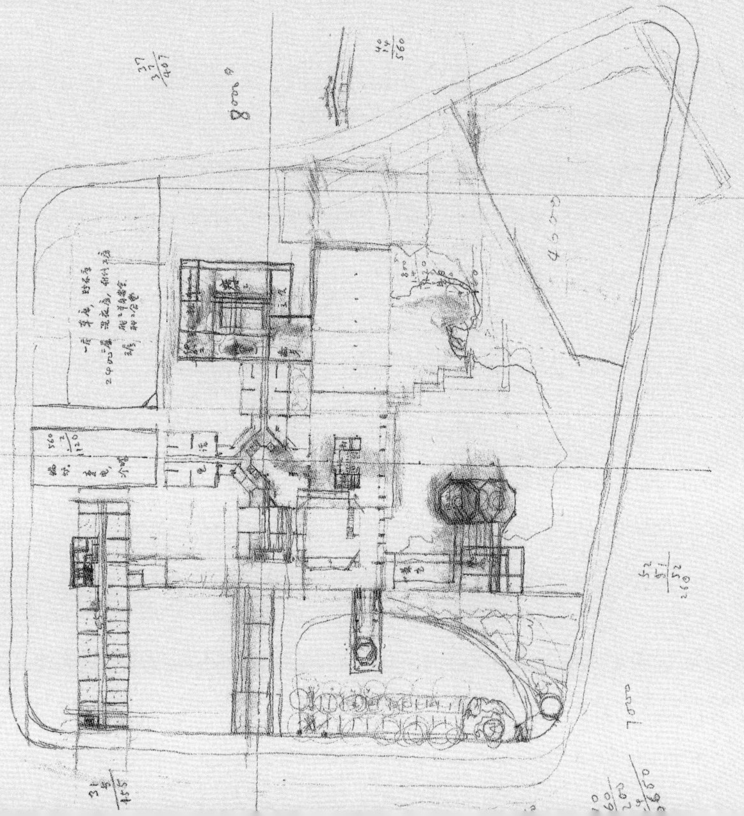

1984

1927 1945 1958

唐葆亨

学术活动剪影

•1980 年代考察杭州民居（左起：彭一刚、唐葆亨、聶兰生、景政治）

•陪同美国波特曼建筑设计事务所同行参观西湖郭庄

•考察杭州城市建设（左起：彭一刚、唐葆亨、袁培煌、何镜堂）

•1995 年在台湾参加学术会议（左起：唐葆亨、张治中、奚树详、钟训正）

•1988 年在上海参加学术会议（左起：唐葆亨、汪定增、吴景祥、谭垣）

•1995 年时任建设部常务副部长叶如棠为浙江省建筑设计研究院题字（左起：益德清、唐葆亨、景政治、叶如棠）

•冯纪忠夫妇来浙江省设计研究院指导设计

1927 1945 1958

•唐葆亨参加浙江大学建筑学硕士毕业答辩

•浙江大学硕士毕业答辩

•（左起：唐葆亨、吴良镛、任震英、张祖刚）

•（左起：张锦秋、袁培煌、邬天柱、唐葆亨）

•1988 年参加天津大学硕士毕业生答辩（左 2 起：聂兰生、唐葆亨、张文忠、刘恒谦）

•（左起：张钦楠、罗小未、唐葆亨、刘开济）

•（左起：关肇邺、钟训正、傅文通、唐葆亨）

•宁波考察（左起：雷鹏、李道增、唐葆亨、钟训正、戴复东、王文卿）

•（左起：石学海、唐葆亨、彭一刚、袁培煌）

•（左起：蔡镇钰、张乾源、唐葆亨、钟训正、郑光复）

•1995 年在广州参加学术活动（左起：何镜堂、唐葆亨、蔡德道）

•1995 年在广州参加学术活动（左起：董学奎、唐葆亨、张祖刚、周凝粹）

•（前排左起：张锦秋、肖林、唐葆亨。后排左起：张开济、龚德顺）

1927 1945 1958

•（左起：钟训正、齐康、唐葆亨、郑光复、鲍家声）

•考察江西婺源（一排右一：吴焕加、右二：唐葆亨、
二排右一：彭一刚、右二：周治良）

•考察桂林民居（左起：马国馨、唐葆亨、袁培煌、董孝论）

•1995 年在台湾参加学术活动（前排左二起：何镜堂、
钟训正、蔡镇钰、唐葆亨、邵华玉、时匡、郑国英）

1927 1945 1958

•临安规划论证（左起：钟训正、唐葆亨、戴复东、王国樑）

•2001 年唐葆亨和景政治在济南山东大厦工地。

•（左起：唐葆亨、钟华楠）

•1995 年 9 月在台湾参加学术会议
（左起：钟训正、唐葆亨、王国樑）

•（左起：唐葆亨、王伯杨）

•1989 年苏州考察（左起：顾乃敏、唐葆亨、张文忠、刘恒谦）

•1988 年参加天津大学刘恒谦硕士学位论文答辩会（前排左起：张文忠、唐葆亨、聂兰生）

•（左起：唐葆亨、许溶烈）

•（左起：唐葆亨、邬天柱）

•1993 年杭州考察（左起：汪定曾、莫伯治、唐葆亨）

•（左起：唐葆亨、苏泽）

•1988 年参加天津大学硕士学位论文答辩会（左起：周恺、唐葆亨、余茂林）

•（左起：袁培煌、唐葆亨）

•（左起：刘开渠、唐葆亨）

•（左起：张祖刚、唐葆亨）

•（左起：唐葆亨、雷圭元、张祥萱）

•（左起：张汀、唐葆亨）

1927 1945 1958

•（左起：彭一刚、钟训正、唐葆亨、聂兰生、郑光复）

•（左起：唐葆亨、徐以诚）

•1998 年参加中国美术学院 70 周年校庆（左起：吴一清、唐葆亨）

•1986 年在日本参加学术会议（左起：彭一刚、唐葆亨）

•（左起：黄伟康夫妇、唐葆亨、景政治）

•奉化考察（左起：彭一刚、唐葆亨）

•昆明考察（左起：程泰宁、顾奇伟、唐葆亨）

•（左起：陶逸钟、唐葆亨）

1927 1945 1958

•（左起：唐葆亨、程泰宁）

•（左起：彭一刚、唐葆亨）

•（左起：唐葆亨、钟训正）

•绍兴考察（左起：马国馨、刘开济、唐葆亨）

•1993 年绍兴考察（左起：张祖刚、莫伯治、唐葆亨、方鉴泉）

1927 1945 1958

•1993 年绍兴考察（左起：张祖刚、莫伯治、严星华、唐葆亨）

•西安考察（左起：张锦秋、肖林、唐葆亨、郭黛姮）

•1998 年在上海参加学术活动（左起：冯叶、冯纪忠、唐葆亨）

•在北京参加学术活动（左起：彭一刚、唐葆亨、周恺）

•2011 年在杭州（左起：金捷、董孝论、唐小玲、唐葆亨、金国光、章又新夫妇）

1927 1945 1958

•1993 年在杭州参加学术会议。（左起：汪定增、方鉴泉、唐葆亨、张鏄）

•1993 年在杭州召开建筑前辈座谈会。左起：严星华、方鉴泉、汪定增、张鏄、赵冬日、莫伯治、张祖刚（唐葆亨摄）

•在北京参加学术会议（左起：唐葆亨、张维岳、程泰宁、沈济黄）

•杭州项目考察（左起：钟训正、唐葆亨）

•2013 年在杭州参加学术活动（左起：唐葆亨、唐小玲）

•1997 年在上海参加中国建筑学会建筑创作年会（前排左三起：王国泉、聂兰生、刘开济、罗小未、张锦秋、唐葆亨、关肇邺）

1984 1992 2017

•1995 年在广东省汕头市参加佘畯南大师建筑作品创作思想研讨会议

•（左起：唐葆亨、卢济威、王文卿；右起：唐玉恩、张锦秋）

•1995 年在广州参加学术活动（左起：唐葆亨、佘畯南夫妇、何镜堂夫妇）

•（左起：唐葆亨、吴良镛）

•参加中国美术学院学术活动（左起：顾生岳、唐葆亨、肖峰、张英红）

1927 1945 1958

•（左起：范雪、唐葆亨、王晓新）

•唐葆亨和外孙女蔡妮

•唐葆亨和女儿唐小玲

•唐葆亨拜访陈植先生

•1984 年唐葆亨拜访恩师吴景祥先生

•1988 年在上海参加学术会议（左起：唐葆亨、谭垣）

1927 1945 1958

•（左起：唐葆亨、林克明）

•（左起：唐葆亨、赵冬日）

•唐葆亨和家人（1972 年）

•（左起：佘畯南、唐葆亨）

•1980 年代在杭州研讨旅游宾馆（左起：吴景祥、唐葆亨、林克明）

•2015 年钟训正、唐葆亨、彭一刚在绍兴

魚樂有天趣
己卯春唐葆亨于杭州

体育馆建筑创作浅谈
——浙江体育馆设计的几点体会

浙江省工业建筑设计院

唐葆亨 1976 年

浙江体育馆是六十年代新建的中型体育馆，1965 年委托浙江省建筑设计院设计。1966 年 7 月开始施工，1969 年 9 月全部竣工。整个建筑包括椭圆形平面比赛大厅（长轴 80 米 × 短轴 60 米），矩形平面练习房(24 米 ×66 米)，室外附属机房. 主体建筑平面总尺寸东西长 103.8 米，南北长 125.24 米，比赛大厅外沿最高标高 20.4 米，总建筑面积 12600 平方米，占地面积 3.4 公顷。比赛大厅场地尺寸以 14 米 ×26 米的篮球场为依据，四周设以 4.5 ~ 5 米的缓冲地段，总尺寸为 23 米 ×36 米，四周设 6 个场地出入口，观众席长轴两侧各有 31 排，短轴两侧各有 12 排，座位宽 46 公分及 48 公分两种，排距 80 公分，31 排观众席设两道横向过道，各宽 1.1 米，纵向过道间距不超过 38 个座位。在第一道横向过道，均匀设置 4 个可直接通向室外疏散扶梯。观众席室内设有 8 个出入口，共有 12 个疏散口，每疏散口均匀布置，平均负担 450 人左右，疏散时简为 3.5 分

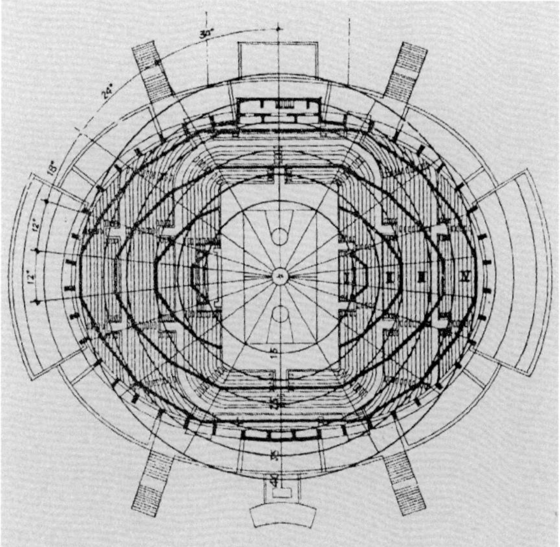

图 1

钟，(6000 人的集会疏散时间实测为 4 分钟)，观众席最远视距 40.3 米，最大俯角 22 度。观众大厅体积 37725 立方米，平均每观众为 7 立方米。比赛大厅平顶采用了悬挂集中式组合扬声器，总功率 180 瓦。建成后实测，声场均匀度能达到设计要求(±3 分贝)，混响时间 2 秒，声压，级在 90 分贝左右。

浙江体育馆建成后曾先后接待了许多国内外体育团体和代表队的使用。多次接受了国际竞赛的考验，反映良好。浙江馆也曾因它的功能适用、技术先进、经济合理；造型美观、环境相宜的特点在国内外建筑界引起，注意和兴趣，本文拟通过对浙江体育馆(下简称浙江馆)设计的回顾，谈谈个人对体育馆设计的几点体会与看法：

（一）精心设计　合理选型

党中央提出的适用、经济、在可能条件下注意美观的方针为指导思想，进行了建筑设计实践。事实证明这个方针是符合

表1

容纳人数	比赛厅尺寸(米)	比赛场尺寸(米)	各区席位所占%					最远视距)米)	最大俯角
			I	II	III	VI	V		
5420	80×60	36×23	9.3	31.6	52.1	70	0	40.3	22°

当时历史条件的，是正确的。同时我们又密切与科研单位，施工单位，高等院校共同协作，密切配合，在调查研究的基础上进行了多方案的技术经济指标比较，最后选定了椭圆形平面比比赛大厅，马鞍形悬索屋盖结构。探索这种新形式的指导思想有以下二点：(1) 努力寻求满意的视觉质量，经济合理的内部空间和先进的屋盖结构体系这三者互相拥有较完满的统一。(2) 首先由内到外然后山外到内的综合严格的功能要求，寻求与之相适应的体育馆建筑形式，做到内容决定形式，形式服从内容。

浙江馆，冲破了各种保守势力的束缚产生了，建成后的使用表明这种形式功能上合理，技术经济指标先进，并为我国国内体育馆设计多功能大厅的屋盖结构提供了新的形式。

1. 比赛大厅是体育馆设计的核心

比赛大厅的设计是否合理，往往会影响全局，影响运动员的比赛，以及观众视线和听觉质量，同时也对整个建筑的经济性带来很大的影响。因此我们对比赛大厅的平面造型、空间组织、屋盖结构的研究等关键课题进行了反复思考。比赛大厅内部对视线、声，光、疏散等的设计要求，经过多年实践，已有较成熟的经验，所要说的是比赛大厅的平面类型的选择。国内已建成的比赛厅建筑平面主要足矩形平面和圆形平面，它们各有其优缺点，而且这些平面对不同规模的大厅也有其一定的适

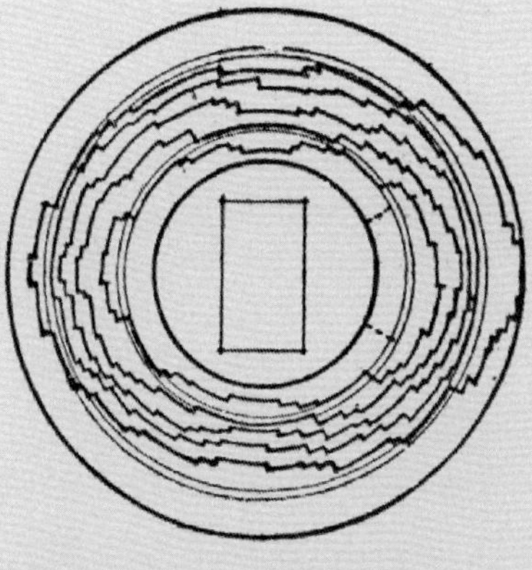

图3　长春馆篮球比赛观众自动入席观测记录

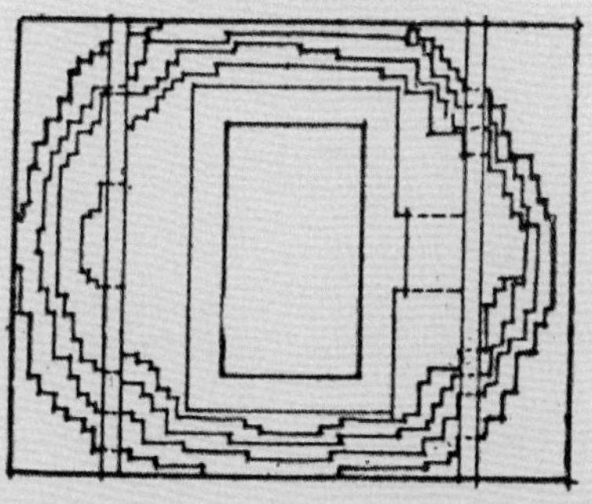

图2　北京工人馆篮球赛观众自动入席观测记录

应范围，因此不能统而言之，要对方案作具体的分析。不同的平面类型与结构造型却又能在空间、经济等方面表现出较大差异。在反复比较的基础上我们首次选用了椭圆形平面和马鞍形悬索屋盖结构。这种平面规模在5000～6000座左右，比赛厅观众的最远视距最短，视觉质量最好，观众席所占的。优良视觉质量区”比例值最高，是其他形状平面所不能及的。见图1，表1。

椭圆形比赛厅平面以长轴方向为主地布置座位，正好垂直于比赛场地的长边，使绝大多数观众都有较好的方位，对有些球类（如篮，排球）的比赛观看效果最佳。它又切去了一般矩形平面对角线方向的端部最差Ⅴ区位置，是一种比较理想的平面形式。国家建委建研院情报研究所的研究资料（见《体育馆比赛厅中视觉质量、视线及疏散问题研究》一文），也充分证明了这点，他们通过大量的观众自动入席的实测记录所得出的入座规律，是一个类似椭圆形的轨迹图（见图2，图3)，理论的研究与实地的观测完全一致。

过去国内之所以在中型体育馆设计中未曾采用椭圆形平面，主要是认为椭圆形平面屋盖结构比较复杂，悬索结构的高强

厅，不仅符合功能需要，方便了观众休息和集散，又获得错层室内空间的艺术效果（见图6，图7），改变了过去体育馆设计中封闭式门厅的设计手法。

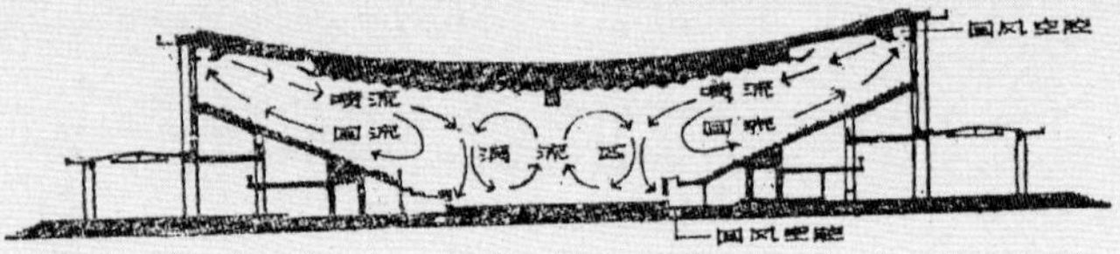

图4　空调通风示意

图5　观众入口门厅透视

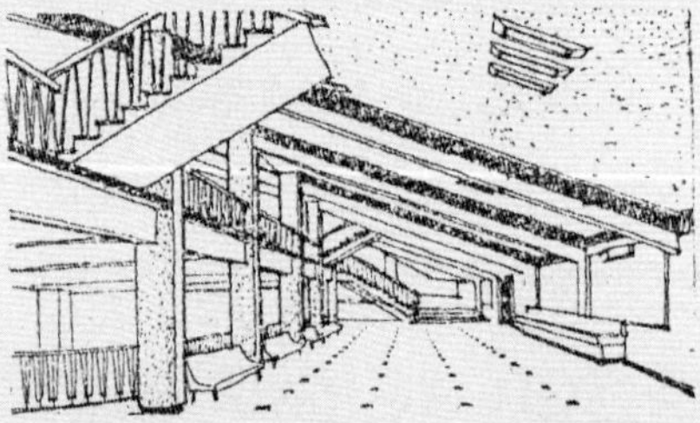

图6　错层观众休息厅内部空间

图7　三层观众休息厅内部空间

马鞍形悬索屋盖结构用钢量　　表3

项目		钢号及规格	重量(吨)	用钢量(公斤/平方米)
索网(主、付索、拉索、交叉索)		7 ф 4—12、钢铰线6股组成一索	33.35	8.82
圈梁配筋	主筋	ф12 ф16 ф20 ф22 ф25	6.189	7.2
		ф28(锰)	16.276	
	箍筋(包括片)	ф8　ф10	4.587	
其他耗钢量	传力钢套管	ф76×6 共284只	3.388	1.28
	锚具	*JM*—12*A*—6，ф100×55共284只	0.810	
	*U*形夹具	ф6 共1788付	0.313	
	吊杆等	ф12 ф40	0.341	
总计			65.254	17.3

钢绞线材料不易搞到。椭圆形平面对利用看台下部空间布置附属房间时，也比等座矩形或不等座矩形平面困难，致使这种有前途的平面形式难以发挥优点。但随着新结构、新材料的不断发展，以及充分发扬我国社会主义制度大协作的有利因素，实践证明只要有大胆创新的精神虽有困难也能克服。浙江馆在60年代新建，当时的技术、材料条件要比现在困难得多。由于有关单位的支持协作，终于克服了困难采用了马鞍形悬索屋盖结构。这种新结构体系具有受力性能好，技术先进、节约钢材等优点，并且能使结构形式与建筑平面的功能很好的结合。沿比赛大厅长轴方向屋盖随看台的升起而升起，中间比赛场地部分不需要过高的空间，则随之压低，取得结构形式与建筑使用要求所需要的空间完全一致的效果。这种高低起伏的空间有利于声学处理，有利于空调送风系统的组织(见图4)。至于椭圆形平面看台下部空间，设计构思得好是能够得到合理使用。浙江馆椭圆形平面除南北短轴方向扩大了内廊，设置接待室、储藏室、通风机房外，东西长轴方向两端则结合看台框架下部高空间，设计了东西门厅(见图5)和错层的休息厅，把看台下部空间设计成上二下连通的开敞的休息过厅，不仅符合功能需要，方便了观众休息和集散，又获得错层室内空间的艺术效果(见图6，图7)，改变了过去体育馆设计中封闭式门厅的设计手法。

2. 规模选定要适当

体育馆的容量比一般会堂，影剧院大。除体育比赛和文艺演出外，也足省市最大集会场所，因此它又是一种以体育比赛为主的多功能大厅。规模的选定除了考虑其用途外，应

比赛厅屋盖结构技术经济指标　　表4

名称	跨度（米）	大厅容量（米）	耗钢量			造价			屋盖结构投资/土建投资 %
			总用钢量（吨）	公斤/平米	公斤/席	总投资（万元）	元/平米	元/席	
北京首都馆	90×112.2	18000	722	65	40				
上海馆	D_1=110 D_2=125	18000	714	75.1 58.2	39.7	216.5	227.8 176.4	120.3	19.6
辽宁馆	D_1=91 D_2=100	11340	390	60 49.7	34.4	117	179.9 149	103.2	14.1
上海静安馆	40×40	3200	80	50	25	12	75	37.5	17.1
江苏镇江馆	45×55	4500	110	44.4	24.4	16	64.6	35.6	17.4
杭州浙江馆	80×60	5420	65.254	17.3	12	21.24		39.188	13

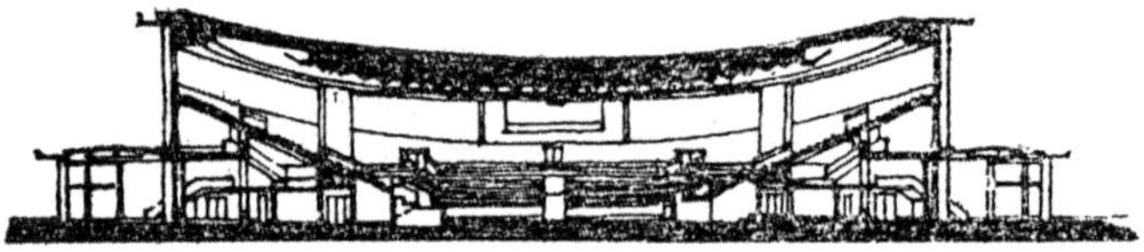

图8　浙江馆剖面

根据城市人口密度，城市规划布点等要求合理选择。规模过大，一般比赛很难满座，过小过于分散也不经济。杭州是一个78.7万人口的城市，省会所在，又是风景旅游城市，从多年使用情况看，5420座中型规模的浙江馆是比较合适的，它的座位数占城市人口的0.69%，我们反对体育馆规模。宁大勿小”的倾向，规模过大，投资高，满座率低，带来问题多。非但不能充分发挥投资效果，对主管部门来说，管理费用增加，能源消耗增大，无法提高经济收益。在杭州这样一个省会所在地的城市，建造5420PE位中型规模的体育馆是比较适宜的，我们拟从以下三方而来论证：

(1)建馆使用以来曾多次接待国际体育代表团的体育竞赛。1979年世界羽联第一届世界杯赛和第二届世界羽毛球锦标赛，有 18 个国家和地区参加，200 余名外宾，同时接待单项的国际体育比赛，及国内即、乙级青年级的全国性比赛和省际邀请赛等。从这些不同的比赛来看观众数量有三种情况：①满座，如世界羽联比赛的开、闭幕，单场国际比赛，美国内华达大学篮球队，日本排球队，国内甲级队篮排，体操开、闭幕等，这样的比赛次数不多，占比例很小；② 3000 ~ 4000 左右观众人数是浙江馆在比赛中占主导场次，如瑞典羽毛球队，罗马尼亚青年体操及国内甲级队比赛的中期都是这种情况，③ 2000 以下的观众人数，如国内乙级队比赛，省际邀请赛等。个别项目情况就更差一些了。

(2) 从文艺、电影来看，满场情况如 78 年春节河南驯兽队首次来杭演出连满 18 场，80 年天津杂技团连满 7 场，中央新影乐队连满 3 场，这些剧团都是首次来杭，吸引了杭州观众。其他剧团满座率就较差了，如中央歌舞团，沈阳曲艺队，杭州歌舞团等，都没有满场，观众只 4000 人左右。电影放映时容观众 2100 人，一般基本能满座，主要原因是放映时间适宜，价格较一般电影院低。

(3) 国际友人和体育代表团的反映，认为浙江馆规模适宜，设计采用马鞍形悬索屋盖结构体系符合体育馆的功能要求。并提到电视普及场馆规模不宜过大。另一方面我们从经济效益情况来分析，显示了中型馆多功能综合利用的优越性。77 年以前浙江馆比较单一的作为开会场地和体育比赛为主，77 年后除开展体育比赛外积极组织文艺演出、电影放映，以及利用馆的冷冻机房设备作为制冰、附设冷冻厂来增加经济收入，支援“四化”建设。(见表 2)

（二）节约投资　降低造价

一个成功的设计．如果离开了经济因素，离开了我们对建筑本身功能的分析，对建筑艺术、结构、设备、材料特点充分的研究利用，并使之成为一个有机的整体，那就谈不上什么精心设计。一个好的设计绝不是靠“花钱”所能买来的。那种以为体育馆是大型公共建筑，因此规模越大越好，不分主次，不讲经济效果的设计倾向是我们所反对的。我国的具体条件和实际情况，对于大型馆特别是“万体馆”应予严格控制。中小型规模投资省、建造快，浙江馆平均每座位投资 500 元左右，大型“万体馆”每座位要高达 1000 元以上。大型馆管理费高昂，在实际使用中却只相当于中型馆，谈不上经济效益。设计工作对经济问题心中要有一笔账，只能“算了做”，不能“做了算”。在浙江馆的设计过程中我们始终掌握住这一关，在控制总投资、降低造价、节约材料方面予以充分注意。

1．比赛大厅是影响造价的关键

我们选择的椭圆形平面和马鞍形悬索屋盖结构是浙江馆能降低造价、节约投资的重要因素，马鞍形悬索屋盖结构技术经济指标较为先进，用钢量每平方米仅 17.3 公斤（见表 3，表 4），这一屋盖结构的用钢量在我国目前体育馆设计中是最低的，也是最经济的指标。由于鞍形悬索结构重量负荷小，其下部结构柱。基础断面相应减小，采用沙桩基础大大节约了投资，鞍形屋盖沿长轴方向中间低两端高，形成比赛大厅空间经济合理（见图 8），压缩了空间，节约了能源，减少了经济费用的开支。浙江馆和采用肋环形网壳结构的郑州体育馆来比较，从可容人数讲，浙江馆比郑州馆多 10%，然而体积却减少 20%，因此这

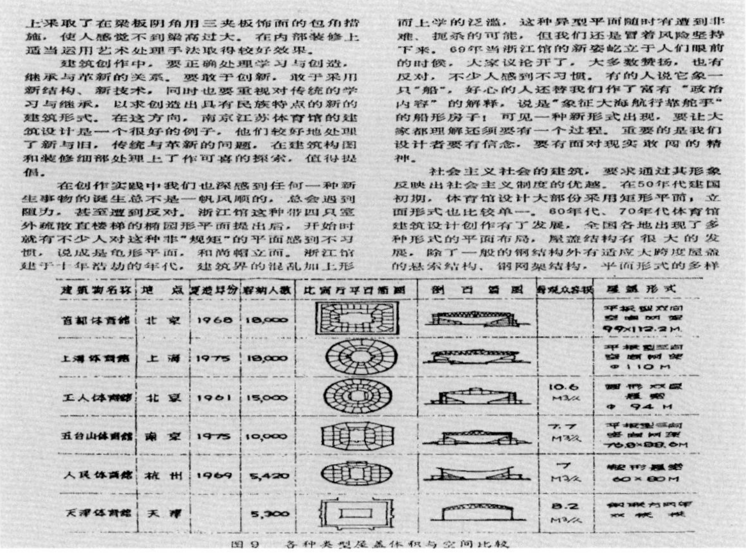

上采取了在梁板阴角用三夹板饰面的包角措施，使人感觉不到梁高过大。在内部装修上适当运用艺术处理手法取得较好效果。

建筑创作中，要正确处理学习与创造，继承与革新的关系。要敢于创新，敢于采用新结构、新技术，同时也要重视对传统的学习与继承，以求创造出具有民族特点的新的建筑形式。在这方向，南京江苏体育馆的建筑设计是一个很好的例子，他们较好地处理了新与旧，传统与革新的问题，在建筑构图和装修细部处理上了作可喜的探索，值得提倡。

在创作实践中我们也深感到任何一种新生事物的诞生总不是一帆风顺的，总会遇到阻力，甚至遭到反对。浙江馆这种带四只室外疏散直楼梯的椭园形平面提出后，开始时就有不少人对这种非"规矩"的平面感到不习惯，说成是龟形平面，和尚帽立面。浙江馆建于十年浩劫的年代，建筑界的混乱加上形而上学的泛滥，这种异型平面随时有遭到非难、扼杀的可能，但我们还是冒着风险坚持下来。69年当浙江馆的新姿屹立于人们眼前的时候，大家议论开了，大多数赞扬，也有反对，不少人感到不习惯。有的人说它象一只"船"，好心的人还替我们作了富有"政治内容"的解释，说是"象征大海航行靠舵手"的船形房子！可见一种新形式出现，要让大家都理解还须要有一个过程。重要的是我们设计者要有信念，要有面对现实敢闯的精神。

社会主义社会的建筑，要求通过其形象反映出社会主义制度的优越。在50年代建国初期，体育馆设计大部份采用矩形平面，立面形式也比较单一。60年代、70年代体育馆建筑设计创作有了发展，全国各地出现了多种形式的平面布局，屋盖结构有很大的发展，除了一般的钢结构外有适应大跨度屋盖的悬索结构、钢网架结构，平面形式的多样

建筑物名称	地点	建造年份	容纳人数	比赛厅平面简图	剖面简图	每观众容积	屋盖形式
首都体育馆	北京	1968	18,000				平板型双向空间网架 99×112.2M
上海体育馆	上海	1975	18,000				平板型三向空间网架 Φ110M
工人体育馆	北京	1961	15,000			10.6 M3/人	圆形双层悬索 Φ94M
五台山体育馆	南京	1975	10,000			7.7 M3/人	平板型三向空间网架 76.8×88.6M
人民体育馆	杭州	1969	5,420			7 M3/人	鞍形悬索 60×80M
天津体育馆	天津		5,300			8.2 M3/人	[illegible] 双铰拱

图9　各种类型屋盖体积与空间比较

样屋盖结构的选用，为整个体育馆的经济性带来了有利条件。

2．标准上，合理安排，区别对待

对各部分用房面积大小的安排、比例、标准，用材的掌握作了分析。不搞大规模的运动员接见厅，大气魄的“主席台”，以及过多的贵宾接待用房，尽量把面积用在“刀口”上，这样就逐渐把面积紧缩了下来。对各部分用房不生搬硬套，不以大代小，以高代低，例如比赛大厅与练习馆采用平连接，高低结合、物尽其用。运动员休息及其管理用房布置在平房内，并组合成院落，不仅环境、通风采光好，而且经济实用。对建筑装修标准，建筑设备标准也根据使用功能要求和所在的部位区别对待。比赛大厅的平顶，观众、贵宾入口门厅的装修标准略为提高，是装修重点，其余从简。而比赛大厅平顶也仅以中间部分为重点四周从简。设备标准也因使用要求

图10　浙江馆比赛大厅室内透视

图11　浙江馆东入口

而异，比赛大厅采用空调，其余部分（如门厅、休息厅、练习馆等）均不设。连接体的运动员休息室、男女淋浴、更衣室也仅设暖气。建筑装修上采取以简代繁，以少胜多的手法。如观众休息厅的平顶灯具的处理就是一个例子，它仅仅是一些玻璃管纵横排列而成，既简单又美观，比高级成品灯具便宜得多。门厅平顶仅作局部吊顶处理。精打细算、废材利用也是设计人员降低造价的途径之一。东西观众入品门厅利用大理石边角料锯成的 25 公分正方块作铺地材料，每平方米造价仅为 80 公分正方大理石的十分之一。门厅、休息厅柱子利用碎大理石作预制水磨石块贴面，废材利用，既节约投资又收到了良好的艺术效果。

3．加强经济观念，严格控制投资

为了最终控制总投资，我们在施工图设计中，严格遵照初步设计概算，防止施工预算的现象，除了参与、过问预算工作的经济分析外，还及时提出控制投资节约造价的措施。合理分配土建和设备投资比例。把经济工作做细，做落实，做到大家心中有数，在浙江馆的设计，建造中，终于按原预算控制了投资。69 年浙江馆加建了室外厕所、围墙大门、传达室、环境绿化等原预算外的工程项目，全部工程竣工结算为 280 万元，平均每座位 516.6 元。工程完成后，得到了不少外地参观的同志的好评，充分说明只要我们重视经济问题，投资是可控制的，低造价也是能够创造出质量较高的设计来的。浙江馆全部决算总投资为 280 万元，是 1966 年材料价格，如在目前建造须增加 27% 左右，即总投资约为 355.6 万元，根据当前材料调价以及增收有关费用率、杭州地区情况，主要考虑以下几方面即：

1．建筑材料调价　增加 16.3%

2．劳保支出费　增加 1.5%

3．技术装备费　增加 %

4．法定利润　增加 2.5%

5．增收设计费　增加 2%

6．施工管理费　增加 1%

（66 年为 12.5%，80 年为 13.5%）

图12　江苏馆正入口

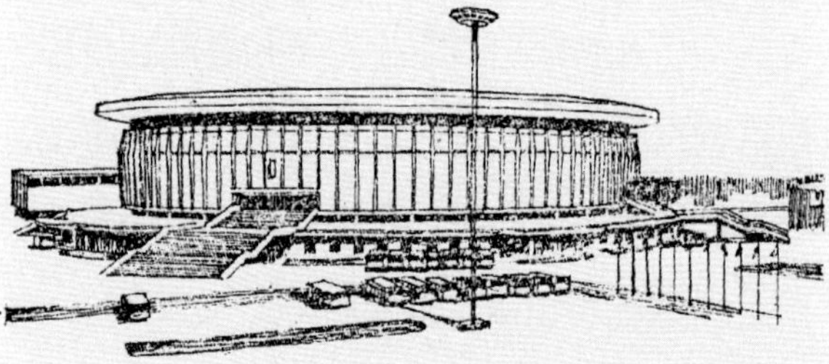

图13　上海馆入口

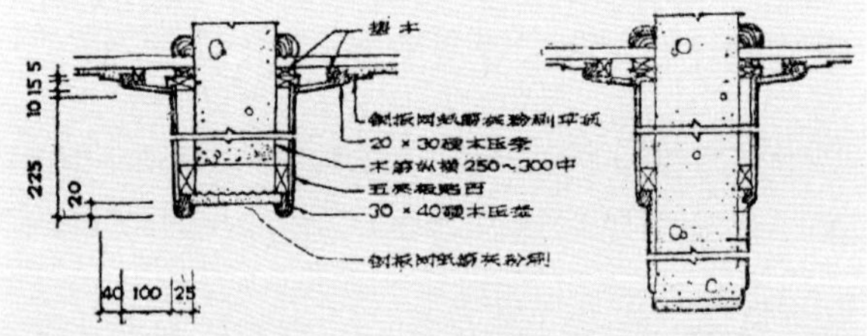

图14　休息厅斜梁装修图

7．临时设施费增加 0.2%

(66 年为 1.3%，80 年为 1.5%)

浙江馆土建总 163.53 万元（66 年价格），其是基础费 12.04 万元，占 7%（包括砂桩和设备基础），悬索屋盖结构 21.24 万元，占 13%（包括大圈梁，不包括吊天棚）。

（三）解放思想　勇于创新

体育馆的设计要满足使用功能的要求和结构、材料、施工技术的发展，建筑创作的体形和空间组织，都趋向于善于构思立意，切实解决好功能设计、环境设计、艺术处理和技术经济效果方面的问题并进行全面研究分析、思想才能作出有创造性的优秀作品。成功的设计在形式上应反映出各自的特点，表现出体育建筑的性格。即使是同类型的体育建筑，由于规模大小不同，所在地区环境不一，在建筑创作中也应有区别。如杭州、南京、上海三个城市，建成三个不同规模、平面的体育馆。杭州椭园形平面，南京八角形平面，上海圆形平面。形式的差异丰富了三个体育馆的创作思想。由于建筑标准、投资的差别，处理手法上也不尽相同。这些工程做到了因工程造价的可能条件因地制宜，因材料制宜、利用环境合理进行了设计，活跃了建筑创作。

勇于创新，首先要解放思想，优秀的建筑作品是主观设想和客观现实条件高度统一的产物，设计一个体育馆要从各种错综复杂的使用功能、技术条件和审美观念中寻求它的特点和规律，反复琢磨、设想才能设计出独到的作品，才能提高创作水平。浙江馆在室内空间组织和室内设计的艺术创作，构思，如将门厅和二、三休息厅的错层空间设计，做到了提高使用面积，创造了良好的空间艺术效果。休息厅又直接与观众厅横过道出入口相连，便于观众疏散（见门厅、休息厅错层空间，图 5、图 6、图 7）除此以外，建筑细部的装饰在门厅休息厅墙面采用了直线拉毛压平粉刷，这种墙面粉刷不增加材料和造价，而使观众感到比较丰富而又自然。在二层休息厅错层顶斜梁断面高度大，装修上采取了在梁板阴角用三夹板饰而的包角措施，使人感觉不到梁高过大。在内部装修上适当运用艺术处理手法取得较好效果。

建筑创作中，要正确处理学习与创造，继承与革新的关系。要敢于创新，敢于采用新结构、新技术，同时也要重视对传统的学习与继承，以求创造出具有民族特点的新的建筑形式。在这方向，南京江苏体育馆的建筑设计是一个很好的例子，他们较好地处理了新与旧．传统与革新的问题，在建筑构图和装修细部处理上了作可喜的探索，值得提倡。

在创作实践中我们也深感到任何一种新生事物的诞生总不是一帆风顺的，总会遇到阻力，甚至遭到反对。浙江馆这种带四只室外疏散直楼梯的椭圆形平面提出后，开始时就有不少人对这种非“规矩”的平面感到不习惯，说成是龟形平面，和尚帽立面。浙江馆建于十年浩劫的年代，建筑界的混乱加上形而上学的泛滥，这种异型平面随时有遭到非难、扼杀的可能，但我们还是冒着风险坚持下来。1969 年当浙江馆的新姿屹立于人们眼前的时候，大家议论开了，大多数赞扬，也有反对，不少人感到不习惯。有的人说它像一只“船”，好心的人还替我们作了富有“政治内容”的解释，说是“象征大海航行靠舵手”的船形房子！可见一种新形式出现，要让大家都理解还需要一个过程。重要的是我们设计者要有信念，要有面对现实敢闯的精神。

社会主义社会的建筑，要求通过其形象反映出社会主义制度的优越。在 50 年代建国初期，体育馆设计大部分采用矩形平面，立面形式也比较单一。60 年代、70 年代体育馆建筑设计创作有了发展，全国各地出现了多种形式的平面布局，屋盖结构有很大的发展．除了一般的钢结构外有适应大跨度屋盖的悬索结构、钢网架结构，平面形式的多样和结构技术的发展促使建筑形式的创新。体育馆的新形式萌芽初露。新曲滋生，给我们以极大的鼓舞。今后，体育馆建筑必将得到进一步的发展。它的崭新的面貌也必将标志着建筑创作水平的新发展。

Vernacular Dwellings in YIWU, Zhejiang Province

Tang Baoheng, Chief Architect
Zhejiang Building Design Institute

Lying in the central part of Zhejiang prov-ince, Yiwu covers1,103 square kiiome-ters of hilly land and has a population of 615,000. In 1989, it became a city, Itshistory goes back to the Qin Dynasty (221B.C-207 B.C)when Yiwu became centuries, it has produced many prominent historical and cultural personages, Nurtured by the local geography, climate and customs, the local dwellings have acquired a distinctive style, featuring.

A. A Compact Spuare Plan

The peincipal rooms in a traditional courtyard usually face south and have 3 bays in 1 to 4 single-row dwellings have wing rooms in front of the principal rooms and some on the two sides of the principal rooms, from which they are separated by veranda passages, The principal rooms of a dwelling with 3 or more rows are often made to be halls. Verandas, good for ventilation, are arranged among rows and wings. The principal rooms face south and are open towards a courtyard. The long southern eaves of the principal rooms, together with the small space of the courtyards, provide pleasant shade. Fire-sepanration walls are located between rows and at the rear walls of wings.

B. A Flexible Layout

The vernacular dwellings in Yiwu do not lie close to each other, separated by lanes, but rather, are scattered around the foot of hills and the sides of rivers and brooks. The court-yards may appear small to outsiders, but rae appropriate to the locals. The main gates usually face south, slanting towards the east or west, for only temples and mansions of offi-cials have a straight south orientation. Large dwellings which can be seen in every village, are usually occupied by patriarchal clans, and in some cases,are the mansions of major offi-cials of land owners. Traditionally, after get-ting rich, a family will begin large-scale con-struction so that future generations can live on the same property. Minor gates are provided for the independent use of

1927 1945 1958

family branches.

C. A Simple and Elegant Form

Most of the vernacular dwellings have one to two storeys, with sloped roofs and straight, two storeys, stepped gable walls. The white washed walls are topped with black tiles. The doorframes are made of stone. To diifer from temples, the dwellings have simple ridges and tile-end eaves instead of flying rafters. Except for the man-sions of major officials, they seldom use bracket sets.

D. A Rich Cultural Flavour

A blending of folk arts, poetic calligraphy, and painting can be found in the fine wood carvings at the eaves of the halls. Large-sacle fine wood, stone and brick carvings often ap-peat in beam frame elements. This elegant literati tradition has been highly valued until today.

The following are some descriptions of local homes provided by residents of Yiwu.

EXAMPLE 1: Bamianting Residence (Fig.1-7)

Fig.6 Bamianting: Gate With Rslief Brick Carving

(Text by Li Min and Yu Baiquan)

In the township of Huangshan and 30 kilome-ters from Yiwu, there is a large residence which was buile in 1813 during the Qing Dynasty(1644-1911). It was built by a prosperous merchant to celebrate his grand-mothers, 90th birthday. It remains a prominent Qing-style residence in Yiwu.

Fig.7 Bamianting:Wood Carving

The plan layout of the existing residence does not explain why it is called Bamianting("Eight-Side Hall").It is said that there used to be a transitional green-house and a garden in front of the residence, and that both were devastated during the war between the Taiping Heavenly Kingdom and the late Qing Dynasty(1851-1864).The wing roomsand wing halls at the rear gable walls have collapsed.

Flexible plan layout. Yixingtang, its main part, to the north of the square,includes 2 rows of 3-bay rooms and wing rooms. The west wing of Yixingrang with 2 lines of wing rooms, is connested to the main part. Forming an enclosure to the east of the squsre This is a devistion from the rigid rectangular plan. All this,with the minor courtyards which were built later, makes an enclosed space around the square. An arch door at the west side of the square is the main entrance to the court-yard group. Within the group, there are not only halls, rooms, workshops, animal sheds, ponds and threshing grounds, but also some small gardens for greenery. In addition to the main entrance, the family branches have dif-ferent side doors for independent use. This group deviates from the traditional Chinese notion of enclosure in that it does not have the commonly seen enclosing wall around all houses.

The square in front of Yixingtang is both a resting place where people gather and talk after a day,s work in the fields, and an indis-Pensable place to ait clothes throughout the year. On traditional holidays, the square, filled with joyful villagers, men and women, old and young, makes a happy scene. When spring comes,the Square is full of the colors of the season with green willows in the west, bamboo in the east and apricot trees with red blossoms in the south courtyards.

The sophisticated craftsmanshiop of old days gives this house group an artistic atmosphere.The reign of Emperor Qianlong was a prime period for architectural development of the Qing Dynasty. Local craftsmen in Yiwu at that time had fine divisions of labour. Some people devoted all their lives to the carving of specific elements such sa decorative column tops, projecting eaves, etc., bringing various techniques to perfection.

Therefore, it is hard to determine whether the Bamianting Residence was originally a single house or a house group. Fortunately. The halls that have survived rae the best part of the whole residence. The original residence pro-bably ineluded, in addition to all the halls, rooms verandsa and sheds, 5 small courtyards for ventilation and daylight, 2 large courtyards for family gatherings, fish ponds, miniature trees and rockery, a small garden, and 2 wells in the side yards.

The plan layout enables interconnection between all the courtyards, where people can enjoy good ventilation and daylight and convenience for everyday life.

What make the Bamnianting Residence extraor-dinary are its wood. Stone and brick carvings. The treatment of the fronts of the principal halls and the entrance not only fulfills the functions of gates, doors, whindows of carving .The large-scale brick relief carving on the 3 gates of the front entrance measuring 3 meters high and 17.6 meters long, is an elaborate mural. Its simple traditional floral and animal pat-terns, set off by the protruding grained bricks and eave tiles, the stone doorframes. the decorative walls. and carved thresholds. Create a harmonious. Simple and elegant effect.

Wood carvings inside the halls are master-pieces of detail work. The carved beams columns. architarves. queti(1), tuofeng(2), corbelpieces, as well as purlins and windows, of animal patterns and legendard human figures. All show fine crafismanship Every touch. Delieate or bold. Is appropriate.

The scale of the whole dewelling,s structure, the size of the columns and the carvings, which are simple or elaborate in different parts. Together bring out a harmony that is pleasing to the eye.

EXAMPLE 2: Houcaoyuan

(Fig. 8 on Back Coer and Fig.9 .10)

(Text by Jiang Mingfa and Wang Yihui)in the village of Beilgisi, near Yiwu, there are groups of vernacular dwellings, all around an arcade, the center of the village, Houcaoyuan(meaning"Rear Yard for Straw"),lies to the immediate cast of the arcade. Among the groups, it is a major one. The result of

Fig. 11 Dunhoutang: South Elevation

Fig. 13 Dunhoutang: Interior

Fig. 12 Dunhoutang: Interior

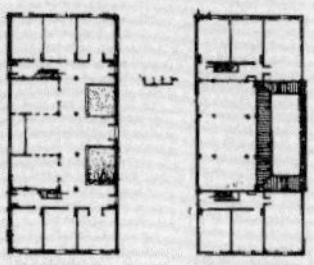

Fig. 14 Dunhoutang: First & Second Floor Plans

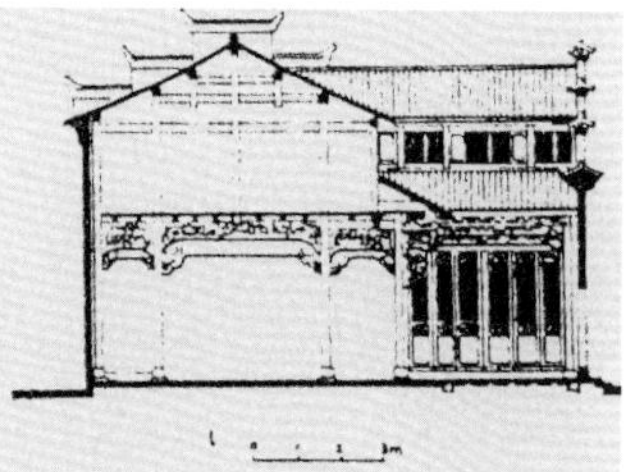

Fig. 15 Dunhoutang: Section

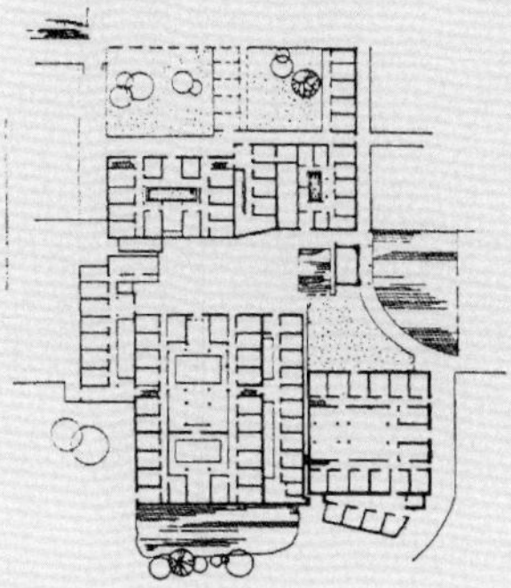

Fig. 9 Yixingtang: Plan

Fig. 10 Yixingtang: Front Entrance

of the residence, it was built before 1786, in the reign of Emperor Qianlong of the Qing Dynasty. The carvings on its beams and columns, too, tell of its Qing-style origin.

Houcaoyuan lies around a small square. This major courtyard group has a compact, yet

Indus-trious efforts made by several generations of a Chen family, According to an itscribed board on the Yixingtna("Haill of Justice") of the residence, it was built before 1786, in the reign of Emperor Qianlong of the Qing Dynasty. The carvings on its beams and columns, too, tell of its Qing-style origin.

Houcaoyuan lies sround a small square.This major courtyard group has a compact, yet

EXAMPLE 3: Dunhoutang (Fig.11-15)(Text by Wang Hanshen)

Built in 1925,Dunhoutang (meaning"Hall of Honesty")is a typical south-faing 3-bay vernacular dwelling in Yiwu. With 2 wings. 2 staircases and 3 central halls, it is suitable for 2 generations to live in. This kind of small dwelling is particularly suitable for the familics of two brothers.

In front of the halls, there is a small courtyard only 3 meters wide which, together with a 5 meter high screen wall forms a small tranquil world filled with luxuriant green planters and protected in summer, from the blazing sun, In summer, it is pleasantly cool in the halls. In winter, the slanting daylight can also reach them.

The beams, bracket sets. ceilings and partition boards of the halls all beat auspicious carved patterns. Those fine wood carvings, although a little pompous for such a smail house, create a solemn air which is not altogether out of place.

With its simple plan layout and section and its appropriate scale. the small house of Dun-houtang best suits the everyday life in the country, It is particularly liked by the local people.

Notes:

(1)queil:a small element on columns with the function of a bracket.

(2)toufeng (camel hump):a small element which. Together with the purlins and small columns. Passes the load of the roof to the beams. Its shape rescembling a camel hump.

华东传统民居建筑

唐葆亨　王文卿

鲁、苏、浙、皖、赣、闽六省地处华东沿海。从山东半岛的渤海湾到台湾海峡。有着漫长的海岸线。长江流域下游赣、皖、苏四省是我国经济开发较早的区域，长江主航道和为数众多的支流连成网络，航区宽阔，江湖河道相通，又有京杭大运河纵贯南北，组成我国货运量最大的海、江、河联运的“黄金水道”。全区地形以平原和丘陵为主，兼有山区，如鲁中的泰山山脉、皖南的黄山山脉等；在赣、闽边境的武夷山脉则是赣江和闽江的分水岭。闽、赣境内山区有“八山一水一分田”之称，为山多地少地带。全区气候温和，无严寒酷暑，雨量充沛。光照充足，土地肥沃，物产丰富，交通便捷，带来了经济的繁荣、文化的昌盛。从浙江余姚河姆渡文化到山东曲阜的儒家文化，是光辉灿烂的中华文化渊源。生息在这块土地上的先祖们，长期辛勤耕耘，劳动积累，留下了优秀的丰富多彩的传统民居建筑文化宝库。

华东民居概况

1. 苏南、浙江民居：江浙二省在历史上经济和文化都有较高的发展，因多山、多水、地形富于变化，民居建筑都是依山傍水，利用山坡河畔建造，既适应了复杂的自然地形，节约耕地，又创造了良好的居住环境。由于气候湿热，季节性生产如养蚕、制茶等需要，一般民宅都采用敞厅，天井、通廊和可以灵活拆装的门壁，使内外空间既有分隔，又有联系，构成开敞通透的布局，达到明快开朗的效果。为了更多地利用建筑内部空间，常在屋顶山尖下部做“阁楼”、“夹层”等为居住和贮存空间，有的则在上层楼面出挑，扩大楼层的使用面积。在建筑体型和外观上，合理地运用材料与结构有机组合，并适当地进行细部装饰处理，给人们以朴素自然的美感。

2. 江西、皖南民居：因商业资本发展较早，以经营瓷器、盐、茶、木及墨、砚、纸等为盛，又与官僚资本相结合，巨贾层出不穷。由于经济的发达，带来了文化艺术的兴旺。该地区大部分是山岭川谷，山势陡峻，又有新安江、赣江及其支流蜿蜒于山谷盆地之间，村落都沿着山势、溪流逐步发展而成，房屋都相互毗连，周围空地较少，在祠堂前才有供村民们公共活动的开阔场地。民宅建筑平面布局常以三合或四合天井院为基本单元，因平地较少，民宅不允许有太大的进深，天井院则呈扁长形，为了充分利用地形，常以小天井院落巧妙地与基本单元平面有机组合，布置厨房等辅助用房，既解决了采光通风，又形成变化的空间和丰富的造型。

3. 福建民居：全省山峦起伏，溪流纵横，地形变化多端，交通不便，地区间交往甚少，民居建筑多因地制宜，自成传统，没有完全固定的程式。由于源远流长的官民出国经营的习俗，而成为著名的侨乡。侨乡民居建筑都保持了当地的传统布局，而细部装饰则增添了旅居国民居的某些特征。自东晋“衣冠南渡”始，多次中原人迁移入闽，中原传统建筑文化的输入，在城池拓建、街坊划分、建筑布局等方面，都有明显的中原传统形式影响，如民宅吸收了四合院布局，中轴线对称等。而在闽西的“客家”民居则为了防盗、防范的原因，形成聚族而居，营建集体住宅的传统，以永定大型土楼为典型代表。

由于所处环境的不同，福建民居大体上有城镇街坊型、村落型、台地型、山坡型及特殊地域的组合型等，他们都为了有利生产，方便生活而充分利用坡地、水边等不易耕作的土地营建民宅，既可就近耕耘，上山伐木，又有方便的水源，为生活提供便利的条件。

4. 山东民居：山东省是华东区最北的省份，东部沿海，地形以平原丘陵为主，兼有山地，是中华民族文化发源地之一，由于地理位置和历史上移民、屯兵的影响，南北方文化交融，居民生活方式、风俗习惯、营造技术等方面的相互交流，形成了民宅南北交融的特殊风格，它的建造布局都采用合院形式，在平原地区民宅面积较大，进深亦大，常用砖石结构，在山地则面积较小，以砖石混合结构为主，常用质地坚硬、茎长的草毡盖房顶。这种房顶有冬暖夏凉，耐腐不漏的特点。在东部沿海地带，石材充足，渔宅常为砖石或全石结构，房顶则以海草铺成，颇具特色。

华东传统民居的特点

1. 适应自然环境：在过去公路和铁路不发达的时代，交通运输主要依靠水运，河网地带别具一格的水乡民居建筑，从村镇的选址到具体建筑的布局都与水道密切结合。多数城镇，村落部分布在大小河流沿岸，与自然环境结合，形成沿河带状布局，房屋互相毗邻，朝向依河道走向定。各个村镇均没有公共水路码头多处，是人流和货流的集散地，成为村落中最繁华的地段。住宅也都各户设私家小码头，建筑则直接濒水建造，做成骑楼式的河街。也有利用河道上部空间，巧妙地架设宅居，既不影响航道的通畅，又获得良好的朝向和景观。由于村内河道纵横交织成网，桥梁技术和艺术均达到了高超的水准。桥梁的结构和造型变化无穷，有的具有极高的艺术价值，使水乡村落形态更加光彩炫目。在桥梁的两端商业活动最频繁，是各种商店摊贩必争之地。因此桥头建筑的布局与设计常与河流、桥梁、道路结合得非常巧妙，使功能、空间、结构、构造造型有机地融为一体，其营建手法千变万化，达到了高超的境界。在山地与丘陵地带，乡民们则把山坡开凿成梯田，在近水源地势适宜的山坡或小盆地里营建民宅．村内道路顺着地形曲折蜿蜒，高低起伏。建筑布局与地形、巷道结合，自由灵活，不拘一格。常利用山坡，争取有效空间，在高差较大的地段建房时，则顺应山势的坡向，加以利用和改造，使之便于生活和居住，决不铲山坡为平地而建造房屋。有时还将崖壁作为房屋的后墙，将次要房间或楼梯等安排在崖壁后墙边，既利用了地势和空间，又节省工料与造价，并丰富了建筑造型。由于传统的宗法观念影响，在平面布局上常以堂屋、厢房、内庭组合成对称的基本单元，在不同的地域和环境下，以间、廊、厅、坡、楼、夹层、敞棚、庭院和天井等合理地安排各种功能需求，获得良好的采光与通风效果。巧妙灵活的处理手法，与周围建筑、道路，地形组合得天衣无缝，各座建筑物如自然生长而存在于整个建筑群体之中，非常和谐统一，成为一个整体。

2. 巧用地方材料：本地区建筑材料资源极其丰富，品种多样，竹、木、石、砂、砖、瓦一应具有，就地可取。在沿海地区由于制砖瓦技术比较发达，砖瓦的应用也极为普遍。在山区盛产木材，除以木构架为承重体系外，常以木板作围护墙及隔墙。为了防潮，木屋常以砖石为基础或架空成吊脚楼形式。在盛产石料地区，整个建筑物从基础、墙身、楼板、屋面到梯段均以石料构筑，石筑工艺之精巧细致，可谓首屈一指，且其造型特别，有独到之处。也有从防范功能出发，在闽南一带，由聚族群居而营建的大型土楼，在木构架外部以土墙作为围护构件，墙厚可达二米左右。中央是圆形厅堂和院落，作为公共活动与采光、通风之用。楼的底层作厨房、牲畜栏舍及其他杂物用房。二层以上作居住用，房间内向，安全封闭。这种大型土楼常与地形结合，其外观非常宏伟壮观，形成了独特的居住建筑类型。

3. 精于雕镂装饰：在南方各省山地、丘陵区里，居住着许多历史上南迁的中原人，在建筑文化上相互交流与提高，以及气候、物产、交通等有利因素，带来了经济与文化的繁荣发达。无形中提高了人们的审美观与文化素养，也影响了匠人们的创作水准及精巧的技艺。在建筑装饰艺术上，以砖、石、木雕刻尤为高超。在不同的材质上雕刻出各种题材生动的图案，镶嵌在宅居的门罩、窗棚上，以及屋脊、瓦头、滴水、墙基、柱础等处，装饰纹样非常精致得体，使宅居的外观更加富于变化而清新典雅。在木构架上精细的木雕纹样，不仅构图完美，色彩雅致，而且与结构构件紧密地结合，融为一体。更值得一提的是门窗、隔扇的装修及墙面上的石刻或砖瓦漏窗，从工艺、构造到构图图案极其丰富多彩，使整个民居更具有艺术特色。

由于社会、经济、地理等因素的不同，这个地区在历史上形成的一个个文化圈，在建筑上反映了各种特色。随着时代的变迁，科学技术、生产力的发展，尤其近年来交通运输的进步，信息传递的加速，现代文明与技术的交流，这些古老的文化圈受到了不可阻挡的冲击。建筑所依存的物质和精神关系产生了巨大的变化，而呈多元化的表现，但它的基础又常常只能体现在文化遗产之中。现今的居住情况，由于家庭结构的变革，原存的为封建宗族服务的宅邸已不能适应当今人民生活的需要。新建的农民住宅如雨后春笋，它们都是独宅独户，都安上玻璃窗扇，常用的原始建筑材料也逐步被钢筋水泥所取代。时代需要建筑师，要求建筑师的创作态度必须非常慎重，切莫造成“建设性的破坏”之不良后果。

在这块土地肥沃、人多地少的区域里，历史上形成的聚居村落形态，都是由简单的单座建筑以数的叠加而发展到群体的量。各座建筑虽然它们各自独立，但并非独处而孤立。座与座之间与周围环境——巷道、广场、码头、桥梁等串联在一起，形成了有机地群。这种群体组合所表现出来的功能、艺术和技术上的成就，已经不是简单数的叠加，它们整体性非常坚实，已由数到量的变化而产生了质的飞跃。它是千百年来建筑文化的结晶。这种自然生长而形成有机的村落形态，如同树木一样经过发芽、生根、发育、茂盛和衰老的过程。今天这个地区的传统民居建筑和村落几经沧桑，已成为一颗苍老的古树，必须进行人工的保护、 剪插和培植，才能焕发出它的生机。当今我们国家正走向小康，有良好的发展条件，“古城的保护与政造”、“小村镇的规划与设计”等课题都已提到议事日程，并受到有关部门与各界的重视和支持，村落这棵苍劲的古树将吐出新枝，继续繁荣茂盛。

唐葆亨大师对“中国传统民居建筑”研究的贡献

张祖刚

2013 年 10 月 5 日

1927 1945 1958

浙江传统民居早在上一世纪 60 年代就闻名全国，当时是建工部建筑科学研究院在浙江省建设厅的支持下调查完成了《浙江民居》学术论文，该论文在北京举办的亚洲科学讨论会上宣读，获得普遍好评，《人民日报》为其刊登专栏画页。但这篇论文报告并未涉及到浙江全省的传统民居内容。改革开放后的 20 世纪 80 年代，唐葆亨先生（以下简称唐总）亲自主持开展了浙江全省范围的传统民居的调查研究，包括平原水乡——绍兴民居、丘陵盆地——东阳与兰溪、浙东南山区——天台民居三种类型；并总结出浙江民居特点：充分考虑气候条件，结合环境，利用地形，就地取材。唐总对传统民居的调查研究一方面为了发掘和保存这些珍贵建筑文物，更重要的是继承其优点，从而创新发展新建筑；对绍兴新建步行街和绍兴饭店的扩建工程等就是继承与创新的实例。唐总在这方面的一些研究成果，已经发表在《建筑学报》1987 年 1 期《浙江地域的传统和建筑形式》、1990 年 5 期《义乌传统建筑文化初议》和1992年9期《浙江水乡——绍兴民居》等文章中，其分析的观点清晰，具体作法细致入微，极具学习和参考分析价值，特别是在当前与今后发展生态城镇、节能建筑的大趋势下，结合我国的实际情况，更应从中吸取走向自然的具有实用、经济、美观效果的优秀思想与做法。

唐总对他所在地浙江传统民居建筑的调查研究有贡献，还扩大范围到华东区传统民居建筑的研究，以至出版《中国传统民居建筑》一书有很大的贡献。1984年11月8—12日中国建筑学会在云南大理召开“中国传统民居建筑汇联会”，参加这次会议的有各省、自治区土建学会及部分大学代表共43人，代表们在互相观摩了几千张各地传统民居的幻灯片后，深感到传统民居是我国传统建筑中的一份极为宝贵的遗产，一致建议把各地优秀的传统民居建筑资料索编成《中国传统民居建筑》一书；这项提议，于1984年12月在中国建筑学会第六届第三次常务理事会上获得审议通过。然而事隔5年后，由于不少地方学会有困难，此项工作进展缓慢，在此关键时刻，作为建筑学会具体负责这项工作的我找到了组织开展传统民居调研工作富有成果的唐总，他非常热情负责地以个人崇高威信同浙江省、衢州市、义乌市的领导与浙江省土建学会负责人商议，得到了这些地方的大力支持与赞助，于 1989 年 12 月 2 ~ 4 日，中国建筑学会和浙江省、衢州市、义乌市土建学会在浙江义乌联合召开了“中国传统民居建筑研讨会”。这第二次研讨会，确实是一次关键性的会议，浙江省建设厅魏廉厅长、义乌市姜补根市长等领导出席了会议，会前唐总做了充分的准备工作，精心组织安排与会代表参观义乌保存较好的“八面厅”、“后草院”等传统民居，并介绍自行解决调研困难的经验，使代表们受到启发，增强了进行此项工作的信心，大家决心克服困难，由各省、自治区自行解决经费、人力等问题，一定努力完成编著、出版此版此书的任务；并进一步明确出版这本书的指导思想，中心目的是总结我国各地优秀的传统民居建筑，为今天的建筑创作服务，古为今用，且对外进行学术交流，还明确了主编、各区总编辑负责人和各区承担项目的数量。唐总和东南大学建筑学院工文卿教授为华东区的主编。翌年，1990 年 9 月 7 ~ 12 日，中国建筑学会在广西桂林召开了第三次“中国传统民居建筑书稿研讨会”，唐总和王文卿教授在会上提出了汇总的华东区传统民居项目初稿；1991 年 5 月 11 ~ 13 日于山东济南举办了第四次“中国传统民居建筑初稿协调会”，除对各区提出的 140 多项典型民居实例进行评议、协调外，还确定各区主编撰写一篇本地区传统民居类型特点的分析文章，华东区的唐总与王文卿教授执笔；最后，于 1992 年 3 月 2 ～ 5 日，也就是中国建筑学会召开第八次全国代表大会的前夕，在北京举办了第五次“中国传统民居建筑书稿审定会”，对这本书的全部文稿和典型民居实例稿进行了审查，交山东科学技术出版社出版。唐总和王教授完成的华东传统民居建筑概述文章，进一步阐述了民居建筑同自然融为一体的优点，概括了华东鲁、苏、浙、皖、赣、闽六省的自然、经济、文化的特点，之后分析了华东民居的概况，包括①苏南、浙江民居，②江西、皖南民居，③福建民居，④山东民居；文章后半部分着重提出了华东传统民居的特点：①适应自然环境，②巧用地方材料，③精于雕镂装饰；于结语中还指出，在这块土地肥沃、人多地少的区域里，历史上形成的聚居村落形态，是由座座民居之间与周围环境——巷道、广场、码头、桥梁等串联在一起，形成了有生机的群体，这种群体组合表现出的功能、艺术和技术上的成就是千百年来建筑文化的结晶。从这篇文章可以看出，唐总研究传统民居已扩大了视野，增多了传统民居的类型，丰富了传统民居的优秀作法，还重视民居群体组合的村镇整体布局。

《中国传统民居建筑》一书与1994年3月出版。为什么交由山东科学技术出版社出版，是有特殊意义的，上一世纪80年代后期，在出版学术专著极度困难情况下，由山东科技出版社在全国第一家设立泰山科技专著出版基金，它起到扭转出版科技专著难的作用，得到了中宣部等大力支持和赞扬；该基金会的评审委员是科技界各学科的专家，建筑方面是当时中国建筑学会理事长戴念慈，1990年戴理事长毅然将此书推荐给泰山科技专著基金编委会，这也是1991年“第四次中国传统民居建筑书稿协调会”在山东济南举办的原因。

《中国传统民居建筑》这本书的工作人员有千人之多，他们参加调查、研究、绘图、照相、撰写文稿和大量的辅助工作，各自筹集费用，毫无报酬，他们无私奉献的精神，实在令人感动，这使我想起同时期1987年完成的《红楼梦》电视剧组动人的情况，没有什么报酬，但大家团结得像一个大家庭一样，其友情、友谊长存。读到这里，我从内心真诚地感谢全国各地土建学会一千多位参与此书的工作者，当然我未忘记感谢作为主要贡献人之一的唐总。前面记述了一些过程，这是因为成果虽在，但唐总的贡献和此书艰难问世的背景鲜为人知，有些情况更是不为人知。

在此文结束前，我可以欣慰地告诉唐总，您辛勤的研究成果，其影响已波及国内外，这本《中国传统民居建筑》已达到了我们的预期目的，不仅国内发行知晓，后中国台湾再版了这本专著，山东科技出版社还出了英文版，销售到国外，在中国建筑学会同国外建筑师学会交往过程中，送出了这本民居建筑书，一些国外友人对此书很感兴趣，有的欧美建筑师学会负责人还专门回信，称赞此书是一部说明建筑与自然结合、很有建筑历史文化价值的专著。

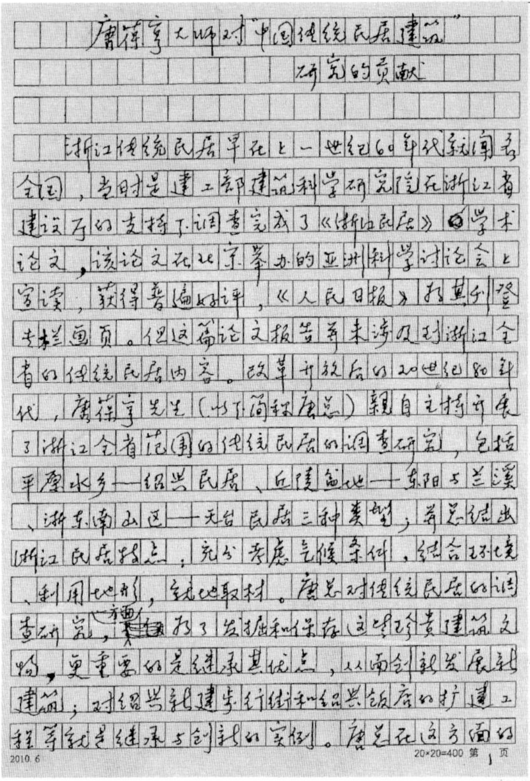
唐葆亨大师对"中国传统民居建筑"研究的贡献

浙江传统民居早在上一世纪60年代就闻名全国，当时是建工部建筑科学研究院在浙江省建设厅的支持下调查完成了《浙江民居》的学术论文，该论文在北京举办的亚洲科学讨论会上宣读，获得普遍好评，《人民日报》将其刊登专栏画页。但这篇论文报告并未涉及到浙江全省的传统民居内容。改革开放后的20世纪80年代，唐葆亨先生（以下简称唐总）亲自主持开展了浙江全省范围的传统民居的调查研究，包括平原水乡——绍兴民居、丘陵盆地——东阳与兰溪、浙东南山区——天台民居三种类型；并总结出浙江民居特点：充分考虑气候条件，结合环境、利用地形，就地取材。唐总对传统民居的调查研究，不仅为了发掘和保存这些珍贵建筑文物，更重要的是继承其优点，从而创新发展新建筑；对绍兴新建步行街和绍兴饭店的扩建工程等就是继承与创新的实例。唐总在这方面的

2010.6　20×20=400 第 1 页

一些研究成果，已发表在《建筑学报》1987年1期《浙江地域的传统和建筑形式》、1990年5期《义乌传统建筑文化初议》和1992年9期《浙江水乡——绍兴民居》等文章中，其分析的观点清晰，具体作法细致入微，极具学习和参考价值，特别是在当前与今后发展生态城镇、节能建筑的大趋势下，结合我国的实际情况，更应从中吸取走向自然的具有实用、经济、美观效果的优秀思想与作法。

唐先生对他所在地浙江传统民居建筑的调查研究有贡献，还扩大范围到华东地区传统民居建筑的研究，以至出版《中国传统民居建筑》一书有很大的贡献。1984年11月8~12日中国建筑学会在云南大理召开"中国传统民居建筑汇映会"，参加这次会议的有各省、自治区土建学会及部分大学代表共43人，代表们在互相观摩了几千张各地传统民居的幻灯片后，深感到传统民居是我国传统建筑中的一份极为宝贵的遗产，一致建议把各地优秀的传统民居建筑资料汇编成《中国传统民居建筑》一书；这项

2010.6　20×20=400 第2页

提议，于1984年12月在中国建筑学会第六届第三次常务理事会上获得审议通过。然而事隔5年后，由于不少地方学会有困难，此项工作进展缓慢，在此关键时刻，作为建筑学会具体负责这项工作的我找到了组织开展传统民居调研工作富有成果的唐先生，他非常热情负责地以个人学术威信同浙江省、衢州市、义乌市的领导与浙江省土建学会负责人商议，得到了这些地方的大力支持与赞助，于1989年12月2~4日，中国建筑学会和浙江省、衢州市、义乌市土建学会在浙江义乌联合召开了"中国传统民居建筑研讨会"，这第二次研讨会，确实是一次关键性的会议，浙江省建设厅魏廉厅长、义乌市姜补根市长等领导出席了会议，会前唐先生做了充分的准备工作，精心组织安排与会代表参观义乌保存较好的"八面厅"、"合草院"等传统民居，并介绍自行解决调研困难的经验，使代表们受到启发，也增强了进行此项工作的信心，大家决心克服困难，由各省、自治区自行解决经费、人力等问题，一定努力完成编著、出版此

2010.6　20×20=400 第3页

1984　1992　2017

版此书的任务；并进一步明确出版这本书的指导思想，中心目的是总结我国各地优秀的传统民居建筑，为今天的建筑创作服务，古为今用，且对外进行学术交流；还明确了主编、各区总编辑负责人和各区承担项目的数量。唐总和东南大学建筑学院王文卿教授为华东区的主编。翌年，1990年9月7～12日，中国建筑学会在广西桂林召开了第二次“中国传统民居建筑书稿研讨会”，唐总和王教授在会上提出了汇总的华东区传统民居项目初稿；1991年5月11～13日于山东济南举办了第四次“中国传统民居建筑书稿协调会”，除对各区提出的140多项典型民居实例进行评议、协调外，还确定各区主编撰写一篇本地区传统民居类型特点的分析文章，华东区由唐总与王文卿教授执笔；最后，于1992年3月2～5日，也就是中国建筑学会召开第八次全国代表大会的前夕，在北京举办了第五次“中国传统民居建筑书稿审定会”，对这本书的全部文稿和典型民居实例稿进行了审查，交山东科学技术出版社出版。唐总和王教授完成的华东

2010.6　　20×20=400 第4页

传统民居建筑概述文章，进一步阐述了民居和自然融为一体的优点，概括了华东、苏、浙、皖、赣、闽六省的自然、地情、文化特点，之后分析了华东民居的概况，包括苏南、浙江民居，②江西、皖南民居，③福建民居，④山东民居；文章后半部分着重提出了华东传统民居的特点：①适应自然环境，②巧用地方材料，③精于雕镂装饰；于结语中还指出在这块土地肥沃、人多地少的区域里，历史形成的聚居村落形态，是由座座民居之间与周围环境——巷道、广场、码头、桥梁等串联在一起形成了有机的整群体，这种群体组合表现出功能、艺术和技术上的成就是千百年来建筑文化的结晶。从这篇文章可以看出，唐总研究传统民居已扩大了视野，增多了传统民居的类型，丰富了传统民居的优秀作法，还重视民居群体组合的村镇整体布局。

《中国传统民居建筑》一书于1994年3月出版。为什么交由山东科学技术出版社出版，有特殊意义的，上一世纪80年代后期，在出

2010.6　　20×20=400 第

1927　1945　1958

学术专著极度困难情况下，由山东科技出版社在全国第一家设立泰山科技专著出版基金，它起到扶持出版科技专著难的作用，得到了中宣部的大力支持和赞扬；该基金会的评审委员是科技界各学科的专家，建筑方面是当时中国建筑学会理事长戴念慈，1990年戴理事长亲自将此书推荐给泰山科技专著基金编委会，这也是"第四次中国传统民居建筑书稿协调会"在山东济南举办的原因。

《中国传统民居建筑》这本书的工作人员有千人之多，他们参加调查、研究、绘图、照相、撰写文稿和大量的辅助工作，各自筹集费用，毫无报酬，他们无私奉献的精神，实在令人感动，这使我想起同时期1987年完成的《红楼梦》电视剧剧组动人的情况，没有什么报酬，但大家团结得像一个大家庭一样，其友情、友谊长存。谈到这里，我以内心真诚地感谢全国各地土建学会一千多位参与此书的工作者，当然我未忘记感谢担任为主要贡献人之一的唐总。前面记述了一些过程，这是因为成果虽在，但唐

总的贡献和此书艰难面世的背景鲜为人知，有些情况更是不为人知。

在此文结束前，我再以欣慰地告诉唐总，您辛勤的研究成果，其影响已波及到国内外，这本《中国传统民居建筑》已达到了我们的预期目的，不仅国内发行知晓，在中国台湾再版了这本专著，山东科技出版社还出了英文版，销售到国外，在中国建筑学会同国外建筑师学会交往过程中，送出了这本民居建筑书，一些国外友人对此书很感兴趣，有的欧美建筑师学会负责人还专门回信，称赞此书是一部说明建筑与自然结合、很有建筑历史文化价值的专著。

张祖刚

2013年10月5日

义乌传统民居建筑文化初议

唐葆亨

义乌位于浙江中部，境内三面环山，中部丘陵起伏，总面积1103平方公里，61.5万人口。义乌历史悠久，早在秦王赢政（始皇帝）25年，公元前222年就建邑，到隋炀帝时改为郡，统金华、永康、乌伤、信安（今衢州）四县，1989年5月经国务院批准由县改市。在这块土地上历代名人辈出，文人墨客众多。义乌传统民居建筑在地理环境、气候、生活习俗以及特定的物质基础上，经过数千年发展与变化，形成了自己独特的建筑形式。

一、义乌传统民居建筑特征

义乌的传统民居建筑，历史悠久，源远流长。经过历代艺人的辛勤耕云，形成了自己的特点。其一，平面严谨方正。一般正房为三间，一进至四进，也有多到五至七进的。单进建筑的厢房有列于房前组成“一颗印”式的平面（图1）。也有在正房两侧加设廊道组成侧厢。三进以上的民居常把正房作成厅、堂形式，而在两侧设置单跨或双跨厢房，俗称“单重厢”或“双重厢”。进与进，厢房与厢房之间重重设廊，且纵横贯通，非常有利于组织穿堂风。正房南面庭院较宽，屋檐深挑，面向庭前的间壁墙敞开，有很好的阳光日照；天井狭小，可屏蔽强烈的东西向日晒。厢房后壁及进与进之间设有封火墙（图2、3）。

其二，组合灵活多变，并有众多的系列格局。义乌传统民居一般不按一字排列，形成街道、小巷，而以分散座落在山脚、河边、滩头、溪上居多。庭院适中偏小，正门朝南偏东或偏西，不取正南（正南为官衙、寺庙建筑），与其建筑位置十分吻合。梅藏竹掩，花雨柳风的宜人景色，“明月松间照，清泉石上流”的幽雅情趣，又使得传统民居别具一格。还有一些规模较大的传统民宅，并非完全是官僚地主私邸，而是村村寨寨都有，规模不一，等级不同的同姓宗族聚居场所。村民发迹以后喜建厅堂，有其历史渊源，即所谓一代殷富，数世同堂。民居大宅常以檐廊贯通，四周设门以利子孙分居

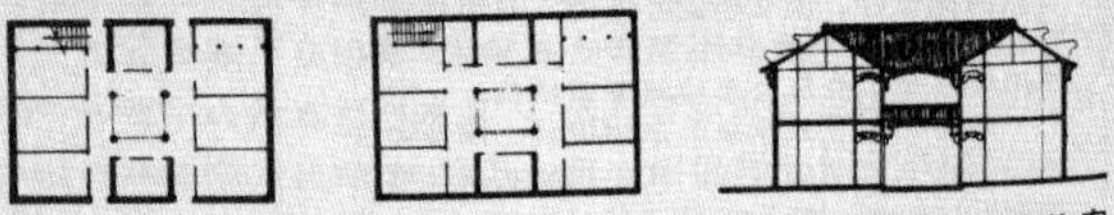

1. 佛堂镇毛氏住宅

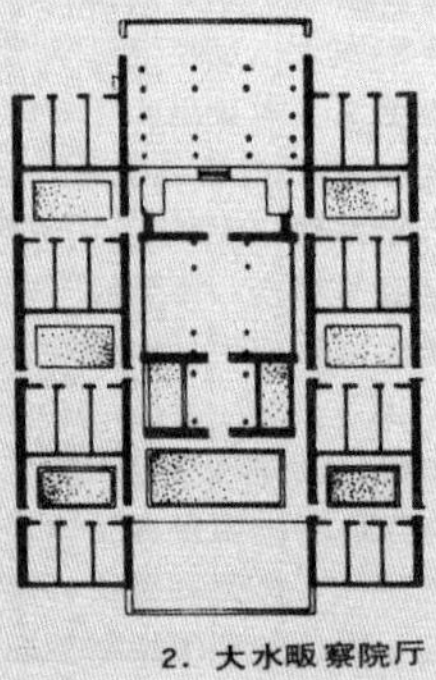

2. 大水畈寮院厅

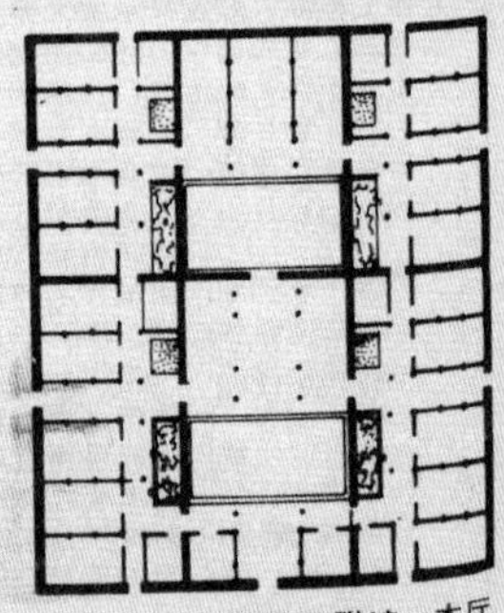

3. 大陈乡凰塱圹一木厅

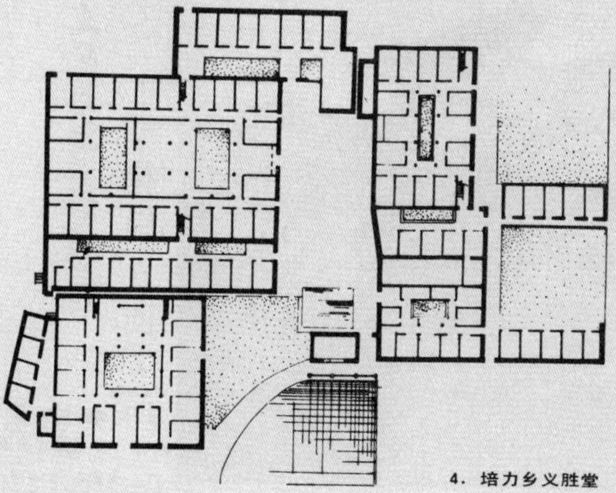

4. 培力乡义胜堂

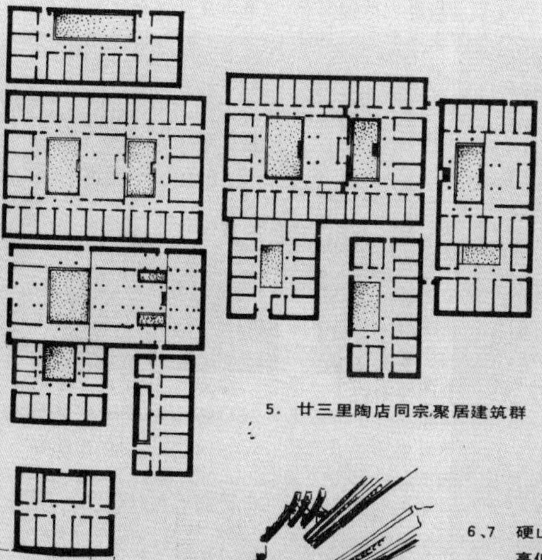

5. 廿三里陶店同宗聚居建筑群

和集散，形式又各有千秋。(图4、5)。

其三，义乌传统民居建筑空间高敞，多为一至二层，坡顶屋面，形式简洁雅致，习惯用硬山马头墙高低跌落。粉墙黛瓦，磨砖石雕，窗顶门楣饰以青瓦翘檐雨坡。青石门框、门额，房檐屋脊不作飞檐翘角，有简单的屋脊、瓦当檐，以别于宗祠庙宇建筑。除官邸建筑外很少用斗拱，颇具江南典型传统民居建筑形式（图6～8)。

其四，文化气息浓厚是义乌传统民居的又一特征。民间工艺和文人字画在这里得到融合，特别反映在厅堂前的挑檐卷棚轩的精细木雕，视觉空间与建筑空间高度结合，层次清晰、浑然一体，处处显示了传统建筑文化的精神素质。时至今日，这种文静幽雅的气息仍为人们所乐道。

其五，义乌传统民居建筑具有高超的雕饰技艺，以木、石、砖三雕著称。“三雕”艺术与整个建筑融为一体，大都是在梁架结构构件上直接进行，工程浩大，雕工精细，甚称一绝。“黄山八面厅”的入口门楣顶部的砖浮雕宽17.6米，

6

7

6、7 硬山马头墙
高低跌落

57

8　义乌民居外景
9、10　义乌民居木雕
11　义乌民居砖雕

9 ▼

▼11　　10

58

1927　1945　1958

高3米，人物众多，神态各异，花草虫鸟，气象万千。入内，梁架、柱坊，牛腿、槛窗，直至檩椽都有千刻万镂传神之作，凡到此驻足的人，无不为其精湛的三雕技艺所吸引、所叹服，作为传统建筑文化，应属我国不可多得的上乘艺术作品。(图10、11)

二、借鉴与探索，继承与创新

借鉴民族优良传统，吸取外来文化精华；既有时代气息又有地域传统风格，这是我国建筑创造的道路。

义乌民居经过历史长期陶冶和发展，对于当时当地的历史文化、经济、技术、环境而言已达到较纯熟的境界，可是由于建筑技术上的落后已无法满足现代社会物质与精神功能的需要。实际上，继承与创新是一个问题的两个方面。创新是为了更好地继承，而继承只有经过创新才具有生命力。优秀的传统建筑实际上也是创新的结果。过去多年来城镇住宅建设，特别是村镇建设，新建住宅量大而面广，建设中存在较为突出的问题是，住宅建筑形式单一，义乌地域虽然有不少保留完好的历史遗留下来的优秀传统民居，但在当前村镇新建住宅中几乎都是平屋顶，红砖墙或抹灰墙面，二至四开间，一字形排列。存在着平面立面形式千篇一律的问题，因此力求城镇住宅建筑创作多元化，借鉴传统村镇建筑文化结合环境再创造，是摆在我们面前的一个重要课题。

建筑文化的价值是社会文明价值，也可以说是一个社会总的生活模式、生活水平和生活情趣的写照。和历史上已经出现过的建筑文化一样，中国的社会主义建筑文化也应有其独特的形态、价值。同时，建筑文化不是闭锁性的，而是继承、创新、延续的产物。为此，义乌传统民居是非常值得调查、整理、总结和探索的。

作者单位：浙江省建筑设计院

为什么这个时候用了“大屋顶”又得到肯定呢？杨廷宝同志在1959年的“建筑艺术座谈会”上有一番中肯的解释：“……有人说美术馆在批判大屋顶的复古主义后，为什么又运用了这样浓厚的传统手法……我觉得这个美术馆完全可以运用较浓厚的传统手法，当然这也并不是唯一的手法，还可能有许多别的手法处理，但在当时这个处理手法是相当成功的，尤其是当我们还没有找到第二个更好的办法之前，它是能够得到多数人的喜爱的。”这不正说明，经过建筑师的深思熟虑，还是没有“全盘否定”“我们的大屋顶”吗？当然，十大建筑上用的“大屋顶”也有优劣之分，也还有一个评价和探讨的问题，但它却不是五十年代初期那般“复古主义”作品的翻版，已经显示出逐步摆脱了生拼硬套的简单作法，迈开了从“形似”到“神似”的第一步了。

在这样的基础上，建筑界对诸如“民族形式”、“传统与革新”、“大屋顶”……等一系列建筑创作的理论问题的探讨，本应有一个大的收获，建筑创作也应该大为活跃。但是，随之而来的一次次“政治”运动，特别是十年浩劫，几乎使所有关于建筑创作理论的探讨都被取消了。如果说在这近20年来大屋顶“无人问津”，是并不过份的。也正因为如此，我们才说当前开展的关于建筑创作的讨论是思想解放的产物。

现在，绝大多数建筑工作者都认识到“民族形式”不等于“大屋顶”，不等于古典繁琐构图，不等于贴标签式的古典纹样装饰，也不赞成用古建筑构件的“词汇”和古老建筑处理的“文法”来堆砌今天的建筑“文章”了。大家也更深入地理解建筑设计不仅仅是画图和处理立面，而是在创造环境。对待传统手法的继承与革新，这三十年来，确实是经历了一个过程，有人把这概括为：大屋顶——小屋顶——小构件——装饰物，在外形上用“古”的东西逐渐趋向简单化了；但在继承祖国传统建筑的内在优点方面却是越来越深入的。近来有不少成功的建筑设计，都能或多或少地显示出它与传统建筑某些优秀手法的继承关系。这种创造性的运用，被称为“神似”。这种用革新的精神对待继承传统的观点是深入人心的。人们愿意看到经过消化和再创造的艺术成品，而不要永远是老一套的临摹品或抄袭品。

如何对待大屋顶？没有必要“众口一词”，每一个建筑师都有权通过自己的认识去选择、去创造。你既可以“在大屋顶上着力地研究一番”，你也可以认为“再去弄那些琉璃瓦斜屋顶老古董嘛！死也不会再干！”每个人遇到的情况不同，经验不同，但是都应该本着“适用、经济、在可能条件下注意美观”的原则进行创造，也应该照顾到群众的审美要求。刘秀峰同志说过：经验证明，凡是把大屋顶照样搬到现在高层建筑上去的，都没有达到美观的目的。又说：“古代建筑形式如大屋顶是不能普遍地搬到一般建筑上来，但是经过改进在个别特殊性的建筑物上采用一些，也不是不可以……但是决不能普遍化。”这些话，看来今天仍然是适用的。

同时，技术和经济问题绝不应忽视。笔者在从事大屋顶古建筑的修缮中了解到，琉璃瓦大屋顶造价高，仅瓦面大约每平方米约70～80元；自重大，苫背及瓦面约每平方米200～300公斤；自古以来，因为筒瓦节间及瓦垄容易渗水，尚未彻底解决防漏问题。清代为了防止从瓦面渗进的雨水，在望板上使用锡背，今天还常作二毡三油防水层；屋面附件如吻兽宝顶在地震时容易掉下；维修频率也较高。如果改作钢筋混凝土基层上再铺琉璃瓦则重量更大，造价更高。在近几年维修中，有的已改变原来的瓦面作法，如三里河办公楼的大屋顶已改成水泥瓦顶；北京大学一些教学楼的筒瓦屋面也改为了水泥瓦屋面。我想，搞建筑设计的同志不应该不注意这些事实。但也不必谈虎色变，不敢去碰“大屋顶”了，只是希望能经过对它改造再加以运用。还是那句话，提倡从“形似”变为“神似”，而不要搞戴帽子、贴标签的“继承”。我希望，不要再用古建筑构件的“文言文”来做今天的“文章”了。△

44

公共建筑设计及研究

对我国七十年代几个新建剧院的意见

唐葆亨

七十年代，在我国的南宁、桂林和杭州等城市都相继新建了大中型的歌舞剧院。由于南宁、桂林、杭州是我国自然景色得天独厚、享有盛誉的旅游城市，这批剧院的建成在国内外都有一定的影响。它们对于我国剧院建筑创作做出了新的探索。

南宁、桂林、杭州三城市剧院的建筑创作是在总结我国建国以来剧院设计经验的基础上进行的；对剧院的观众厅、舞台、音质、空间处理、立面造型、环境结合等方面都作了新的尝试，取得了一定成绩。同时通过这三个剧院的设计以及交付使用后的反映，也发现了在我国当前剧院建筑创作中一些值得进一步探讨和商榷的问题。

一、剧院的规模问题

剧院规模主要是观众厅的座位数量问题。在一些大中型旅游城市中，新建一所剧院，适当扩大规模，提高标准是必要的。但是过去一些剧院规模的确定，往往是经主管部门下达任务，由有关领导同志拍板定案，缺乏调查研究总结经验的基础，缺乏对当地具体条件进行分析：如城市人口与剧院规模的关系，剧院在城市中的具体位置及服务半径等等。往往还会出现一种不正常的情况，一个城市新建了一个规模较大的剧院，而其他城市就会以此作依据，要求把自己的新建剧院搞得同等规模甚至超过。杭州是闻名中外的风景城市，又是省会所在，剧院规模大一些是可以的，然而是否一定要2000座呢？经过一个时期的实践来看，这个规模感到略为偏大了一些。目前来杭州剧院演出的外省市大型歌舞剧团如演出10场，其中有8场能够满场就算很不错了。至于一般省内歌舞团演上三天就差不多了，最多演六天，就得换场子。其原因可能是多方面的。但其中包括一个剧院规模与城市人口的比例以及剧院服务半径的问题。南宁剧院定为1,725座，桂林漓江剧院定为1,300座，我个人认为是定得比较恰当的。去年接待英国剧院建筑师约翰·布瑞、罗德瑞克·海姆、尼克拉斯·托玛松等人，座谈中他们谈到目前英国新建的剧院规模都不大，一般为600～800座，采用自然声；较大规模的也不超过1,200~1,400座，不用电声。他们认为如果使用电声，还不如在家里看电视。由于考虑到我国人口众多，经济文化水平还较低，剧院建设还在初始阶段等具体情况，省（市）级大型剧院的规模以1,400～1,600座较为合适。

二、舞台的深度问题

七十年代，上述几个城市新建的这几个剧院都是以演出歌舞剧为主的多功能的剧院。既然要演出歌舞剧，要准备国外大型舞剧团来表演，这就必须具备相应的舞台条件，其中较突出的一个问题是舞台的深度要多大？杭州剧院的舞台深度我们定为24米。据了解，目前国内一些省（市）筹建的新剧院，有的也拟考虑采用24米深的舞台，似乎舞台深度不够24米，就不够“现代化”了。演出大型歌舞，舞台深度究竟需要多大，应该从实际出发，着重调查研究。现将两年来在杭州剧院演出的日本、墨西哥、美国等大型歌舞剧团，以及国内上海、天津等歌舞团所实际使用的舞台深度列于表(2)中。从该表分析，可见其中实际使用舞台深度

45

国内剧场舞台主要尺寸一览表　表 1

剧场名称	台口尺寸		舞台尺寸		
	宽(米)	高(米)	深(米)	宽(米)	高(米)
天桥剧场	12	8.5	19.5	26.7	18.5
首都剧场	13	8.5	19.5	26.7	18.5
二七剧场	12	8	16	24	
沈阳中华剧场	16	9	22	30	21
武汉歌剧院	14	8.5	19.5	27.5	19
广州友谊剧院	14	8	19	27.5	17
南宁剧院	16	9	24	28	21.5
桂林漓江剧院	14	8	20	26	18.5
杭州剧院	16	8.7	24	31.5	21.5

杭州剧院舞台实际使用深度调查表　表 2

剧团名称	舞台的使用深度(米)
日本松山芭蕾舞团	18.5
日本歌舞伎访华团	18.5
美国杨伯翰大学歌舞团	16
墨西哥民间歌舞团	16
日本东京音乐大学交响乐团	18
天津歌舞剧院	16
上海舞蹈学校	18
浙江京剧团	15
浙江歌舞团	15
浙江话剧团	15
浙江昆剧团	15

最大的日本松山芭蕾舞团和日本歌舞伎访华团，也只用了18.5米；至于一般歌舞剧团的使用深度只有15～16米。南宁剧院的舞台深度也是24米，据了解至今也从未使用足24米的深度。有人说：象杭州这样一个旅游城市，建造一个如此深度的舞台还是必要的，有它的特殊情况。但是，不知哪年才会碰上这么一次“特殊”演出。一个舞台深度有24米，而演出天幕却挂在17～18米深处，后面空着5至6米的空余的面积和空间。舞台深度长期使用不足，是一种建筑空间的明显浪费。从歌舞剧的演出效果看，舞台深度也不是越深越好，空间过深过大的舞台反会使自然声的演出造成先天困难。对杭州剧院舞台我们也已建议采取增设声学反射罩的措施。一个优秀的舞台工作者是善于在有限的舞台空间里创造出无限的空间艺术效果。我个人认为桂林漓江剧院的舞台深度定为20米，还是合适的。总之我们应该总结我国剧院的实践经验，适应我国舞台艺术的要求，探讨我国现代化舞台的建筑设计。

三、舞台的台框与侧台

舞台与观众厅之间最好不搞镜框式的台口，新建的剧院都尽量简化台框设计；尽量少做和不做台口的繁琐装饰，以消除台口的镜框感觉。使演员在舞台演出气氛同观众厅密切结合在一起，扩大了演出的艺术效果，改变了过去把演出效果仅仅固定在“舞台镜框”里的那种平面的一般处理手法。更重要的是随着观众厅声学设计要求的不断提高，台口附近的观众厅侧墙与平顶（特别是台口前平顶部分）都被利用作为主要的自然声反射面。这种声学上的功能要求必然带来台口建筑形式上的变化。我国于七十年代新建的南宁剧院、漓江剧院和杭州剧院的台框（包括平顶和侧墙）处理，既考虑了声学要求，形式又有了新的突破，反映是好的。

关于侧台的设置也有着不同的看法，前述英国剧场建筑师特别向我们介绍，只要一边设置侧台就够了，舞台两边都设侧台是不经济的。我们带着这个问题作了一些调查研究，有的人认为舞台一边设侧台是可行的；也有的认为侧台还是两边都有，可设置一大一小。这也是在今后剧院舞台设计中值得探讨的问题。

四、乐池的利用

这几个剧院的实践证明，乐池的利用率是不高的，除了演出大型歌舞剧外，大部分时间乐池是搁置不用，这也是一种浪费。如果设计中采用一种易于操纵，可以升降的乐池，平时可上升到与观众厅地面平齐，以增设百余个观众座位，必要时还可上升到与舞台台面平，以扩大舞台的演出范围，使某些表演可以伸入观众厅，取得更好的演出效果。大型歌舞剧演出时，仍可下降为乐池。这样就做到了“一池三用”。新建的河南省人民大会堂就采用了这种升降乐池，其结构简单，操作方便，升降运转在1～2分钟内完成。这是我国剧院采用升降乐池的成功实例。在今后的剧院设计中乐池的多功能利用是一个应该考虑的问题。

五、剧院建筑与环境的结合

大中型剧院在一座城市中是一项重要的建筑物；其位置也往往位于较重要的地段，或为风景区，或为中心广场附近等等，因而，对于剧院建筑来说，就更应该强调其与环境的结合。桂林的漓江剧院东临漓江、西邻桂林的主要宾馆——漓江饭店，位置重要，环境优美，但遗憾的是在漓江剧院建筑创作的构思中，如总体布置、体型选择、空间组合都未能很好地从这一特定环境出发，以致建成后，就令人感到这所剧院与邻近的漓江饭店也缺少明确和协调的构图关系，两幢建筑物之间也未能形成完整的外部空间(图1)； 象是两个完全互不相干的建筑物硬凑在一起。今天我们应该强调环境设计的重要性，特别是象在桂林、杭州这样的风景城市面临漓江或紧邻西湖，在创作构思中，建筑与环境的结合是处于非常重要的地位。在今后的剧院设计中，我们必须总结经验教训，把“结合环境”这一环抓好。

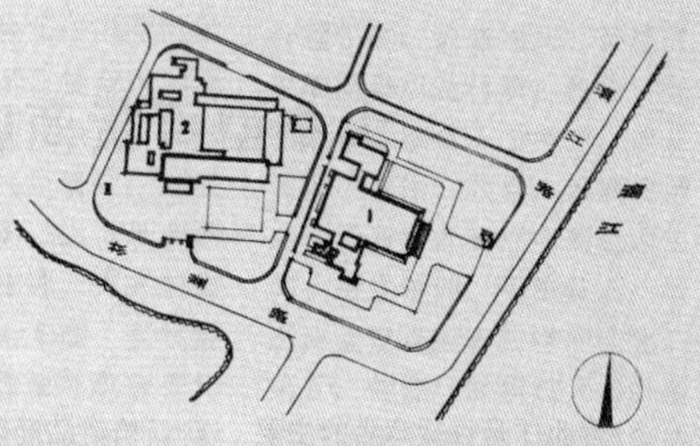

图 1 （1）漓江剧院（2）漓江饭店

六、创造具有地方风格的剧院建筑

我国幅员广大，各地情况不同，剧院建筑应因地制宜，除有其共性外，更应具有地方性的独特风格；要考虑所处的地理条件，环境的特殊情况及与此所适应的建筑形式。不要搞千篇一律。如果我们在设计中对地方风格问题缺乏考虑，结果全国各地新建一批剧院在形式上大同小异，相互雷同，那问题就更突出了。例如1979年建成的贵阳川剧院，其外形与南宁剧院基本上是一个样（图2、3），桂林漓江剧院外型及门厅处理与杭州剧院也有类似之处。在剧院平面设计中，习惯的做法是从门厅——→观众厅——→舞台——→化妆室的公式化的对称平面，如果我们不重视变化，不讲究特点，自然就很容易产生相互雷同的外形。平面相同，体型一样，如果再在外立面细部处理采取同样的手法，那就更加相似了。例如南宁剧院与桂林漓江剧院的舞台侧墙外立面都采用直条子处理；而杭州剧院舞台的前后外墙立面也采用直条子处理。久而久之，甚至会在全国各地蔓延。我国地区辽阔，必须强调地方风格，要使剧院建筑形式多样、各具特色，除了解放思想、敢于创新外，在具体设计中首先要从平面设计着手，如平面布置因地制宜，采取非对称平面，侧面入口，转角入口，舞台做单面侧面，不同形式的观众厅平面，多层楼座的观众厅设计等等，再在室内外空间处理、空间组合上多作构思，那么，建筑体型、立面形式也就肯定会起变化了。我国体育馆就具有比较多样化的建筑形式，主要原因就在于平面差异大，南宁体育馆为方形平面，杭州体育馆为椭园形，上海为园形，南京为长八角形。因而四个城市的体育馆就外形不一风格迥异。由此可见，要搞出独特风格、避免雷同，首先要从平面设计做起。△

图 2 南宁剧院透视

图 3 贵阳川剧院透视

47

江南水乡——绍兴民居

唐葆亭

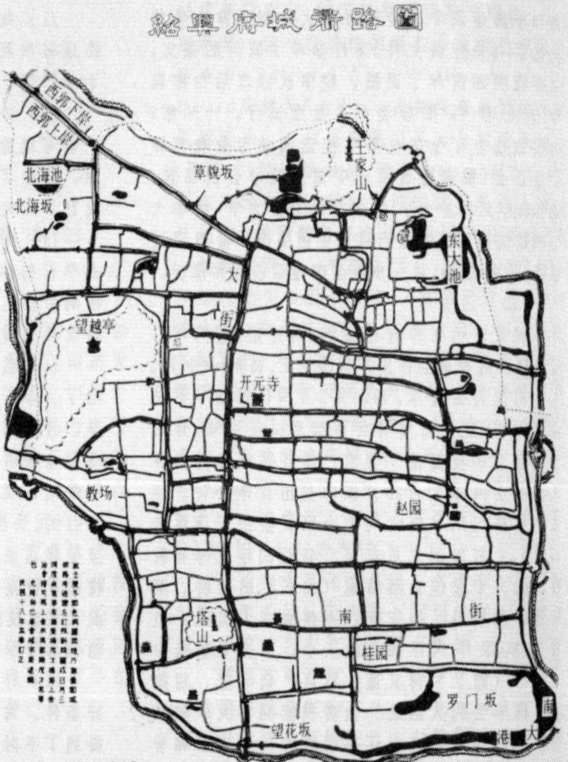

绍兴府城

浙江绍兴，江南的水乡城市，素有“水乡泽国”之称，它属亚热带季风气候区，温暖湿润，四季分明，地处杭州湾南面，宁绍平原的西部，地形由西南向东北倾斜。绍兴西南部丘陵起伏，山重翠叠，会稽山脉连绵其间；东北部湖塘如珠，田园锦绣，鱼肥稻香，有大小河流1900多公里，3000多座各式桥梁架设其上；鉴湖水系环绕城廓，城内山色青黛，水光粼粼，小河弯弯，桥洞圆圆，乌蓬船悠悠，两岸民居临水而筑，正可谓“山阴道上行，如在镜中游”。

古绍兴城廓原有9门，除2门为旱门外，其余皆为水门，通过六纵、十二横的主干河道和弯弯曲曲的水巷，使鉴湖清流引入城内，两旁临河依水的民居，屋脊鳞毗，街依着河，桥连着路，青石板走过人家，街坊处处在河路之间，家家户户顺踏步下河，有道是“三山万户巷盘曲，百桥千街水纵横”，这种水与建筑浑然一体，人工与自然巧妙的布局方式，正是稽山鉴水有别于其它城市的水乡特色风貌。

绍兴古城山青水秀，绍兴民居历史悠久，大街小巷的粉墙、黑瓦、青砖、黑柱，无不弥漫着古老文化的芬香，而比较典型的民居有临水民居和台门民居两大类。

水是绍兴城乡的灵魂，交通、贸易的媒介，临水民居正是在这一特写的环境中发展起来的。宋代，绍兴水上运输就十分兴旺，“堰通江河，津通漕输，航瓯（温州）舶闽（福建），浮鄞（宁波）达吴（江苏）”；清代，绍兴酿酒业进入全盛时期，坊主便自己组织船队从江苏的无锡、丹阳一带采购酿酒所需糯米，同时把绍兴酒销往全国各地甚至海外，人称“越酒行天下”。四通八达的水上交通，十分兴旺的商业贸易，对临水民居建筑的整体布局产生了深刻的影响，在河道两侧或临水筑屋、或临河设街、沿街建屋，连锦不断，逐渐形成有河无街，一河一街，二街夹一河等布局形式。临水民居平面布局主要采用纵深布置，与河道垂直，侧墙不开窗，便与邻户靠近，而内部通风采光则依靠巧妙地穿插占地面积不大的小天井来解决，同时一般沿街一面都设有高窗或木排门，

临水民居

以排除视线干扰、保证室内安静，而临水处通常比较开畅，墙壁退进一步或形成一方形的面水小敞厅、小平台，或临水挑出一段靠背栏杆并有私家码头过渡到水面，是冬季晒太阳，夏季乘风凉的好地方，一般家务操作也在此进行。住宅一般一、二层临街房为起居室或店面，临河的房屋做厨房、厕所或仓库，中间房间做卧室或作坊等，而楼上则做为卧室。这类平面构成的住宅，内部空间利用率很高，是临水民居中经济而适用的住宅形式。

绍兴的河道狭小而弯曲居多，有的宽仅2米左右，宛如一条深深的水巷，由此，河道的宽度、流向也影响了临水建筑的特征。在水巷沿岸的临水民居，很少向外悬挑以争取空间，而多是采用石板桥连接河两岸住宅，从而使得河成为私家天井；或者干脆跃河筑屋，任小河在宅下流淌，当盛夏阵阵凉风吹过时，室内闷热一扫而光，惬意舒适。河道虽然狭长，但河岸颇高，跃河筑屋并不影响乌蓬船缓缓行来，穿越而去，也许是这种特殊的环境造成了乌蓬船轻巧的体量，也许是小巧的乌蓬船

一河夹二街

一河一街

河道转角

1984　1992　2017

造就了水乡这种特异的风貌。

在稍宽的河边两岸，临水民居一般都向河面悬挑，以取得相当的空间，比较多的有挑出一个平台或几步踏步，底层外墙挑出河面，二层木板壁出挑，上下层整栋向河面悬挑一段，还有挑出靠背栏杆或临河挑出沿廊，并与码头相连接，而较小的住宅则简单地在临河开门处挑出一石板，这些做法虽然简陋，但却最大限度地向水面拿取到了一些生活空间，形成绍兴水乡建筑又一独特的风格。

在绍兴的临水建筑中，还有一种具有特色的建筑形式，即私家码头和公共码头。

临水民居中私家码头形式丰富多样，一般顺岸而筑，有的还部分退为凹廊，或设凹口，留出停船空间，以适应狭窄的河道，减少对水面交通的阻挡，也便于雨天使用。私家码头具有多种功能，如汲水，洗濯，纳凉，上下船，不用上岸即可进行商品买卖等等，同时，对利用河风，调整小气候起着积极的作用。有时，私家码头结合平台，组成了非常丰富和实用的生活空间，使私家码头成为临水民居中重要的组成部分，而公用码头是作为交通工具和公共辅助设施的产物，毗连的临水民居每隔一定距离，便要挖出一段河街，形成水源广场，建公用码头，便于船只停靠，人员上下，公共洗涤，安全消防等使用。在商业较繁华处，常设桥，便于两岸往来，桥的附近设有较大的公用码头和酒肆茶楼等，往往形成热闹的集市。

绍兴的临水民居几乎不受法式则律的束缚和制约，大多为下层民众所居住，而绍兴的台门民居(即绍兴民居中的深宅大院)，布局特征就牢牢地记载着姓氏大家庭的生活烙印。这种深宅大院，聚族而居，纵横对称，平面规正，体现了封建伦理制

有河无街

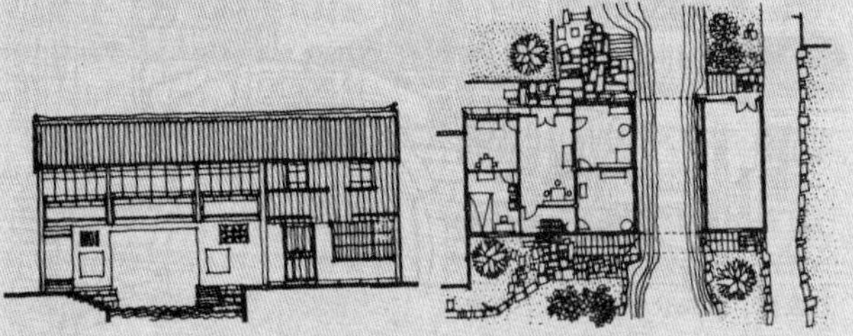

跨水民居立、平面、透视

度的本质。台门面宽一般三至五间，深三进至九进，大致有大门、仪门、厅、堂、正屋、后堂杂屋等组成，大门、仪门、厅、堂之间都有天井，用以通风采光，两侧辅以厢房或连廊。台门屋宇多粉墙黛瓦，砌有石门框，立面一般为对称处理，显得古朴大方，大门常见有石库台门，竹丝台门等。

近代民主革命烈士秋谨的故居“和畅堂”，曾是明代大学士朱庚的别墅。宅前原有一河一路，三间五进，坐北朝南，依山临水而筑，大门口内凹作门斗，而南墙不设窗，形成白墙和门斗在质感、色彩上，虚实对比，更显得端庄朴素，建筑以条石作屋基，既耐久又防潮，是绍兴民居典型的基座做法，也许这种做法的起源和临水建筑有关。

在有条件的大宅里，往往临宅设园，组成宅园，两者既分又合，自然山水和人类智慧融为一体。青藤书屋便是典型一例。青藤书屋的主人——明代徐渭，字文长，善书、诗、文画，尤其书画姿肆狂放，水墨淋漓，别树一帜，由他开创的青藤画派便是以书屋命名。后人评他的画是“笔中用墨，墨中用笔，墨以笔为筋骨，笔以墨为精英。”细察青藤书屋，又何偿不是园中有宅，宅中有园，园以宅为筋骨，宅以园为精英。书屋坐北朝南，南设天池，北设小院，东园西宅，布局别具匠心。入口大门是普通的对开石库黑漆大门，自东而入，迎面修竹森森，绿树掩映，一条小径穿过树丛而过，园角几株芭蕉蔚然成林，小径和绿化的巧妙布置，增加了空间层次，更显得幽雅不俗，在小径尽头，豁然洞门引人进入南园。却见书屋窗前天池幽幽，池中一石柱托住屋基，上有徐渭手笔“中流砥柱”，而端壁粉墙衬出青藤蟠曲苍劲，恰如主人泼墨而成，至此，空间序列达到高潮，主人倔强

私家码头

私家码头

私家码头

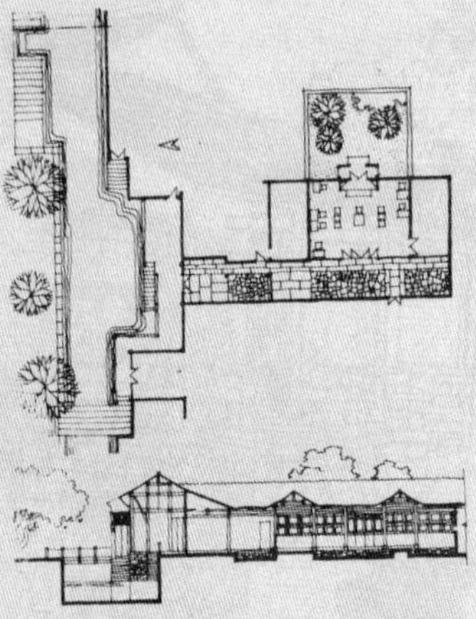

三味书屋平剖面

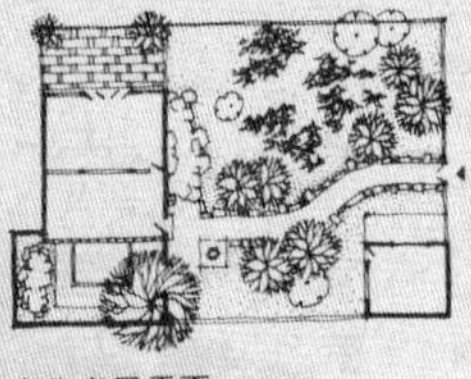

青藤书屋平面

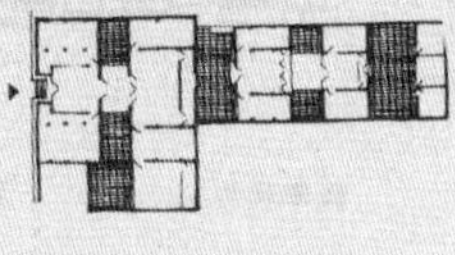

和畅堂平面

绍兴饭店内院水面

孤傲的性格和渊博的学识，表现得淋漓尽致。进入书屋，但见天池幽幽，青藤蔽日，真是读书的绝佳处所！书屋前后小花园绿化不仅起到造景功能，而且为调整书屋小气候起到积极作用。书屋前后小园处理手法，与绍兴民居常见的石板天井的做法相比，足见匠心独运，难怪乎徐渭去世50年后，明末另一位著名画家陈洪绶要慕名而定居于此了。

三味书屋是鲁迅幼年读书之处，至今还保持基本模样。从平面上看，应是大家住宅的侧厢，据考证是寿家台门的花厅。三味书屋入口引导空间非常奇妙，以一石板桥作为引导空间的开端，临水木栏指示着空间的变换，私家码头、桥、栏杆的组合使空间变得有趣而富有层次，不禁使人想起黑川纪章的“灰空间”，也许，它会带给我们许多出乎意料的启迪。

绍兴民居，布局紧凑，河街水巷，前街后水，前店后室，平面狭长纵深，手法处理巧妙别致，“不出城廓而获山水之怡，身居闹市而有林泉之致”，这种精湛的古越建筑文化，尤其值得我们珍惜和爱护，继承与发展。但是，导致这种独特的建筑环境是由于历史的发展、自然条件和人民生活习俗而形成的，随着历史不断发展，因循守旧只能扼杀传统建筑艺术的神韵。对绍兴民居特有的建筑艺术，只能认真加以研究，在继承中发展，在发展中创新，在满足现代使用功能的前提下，使历史文化传统与现代文明有机地结合起来，交相辉映，相得益彰，绍兴饭店改扩建就是这方面突出的典型。绍兴饭店原是几幢富有浓厚地域传统特色的古老建筑，布局严谨，建筑空间处理很有绍兴地方风格，改扩建后，饭店古朴典雅，新旧建筑二层为主，局部高不过三层，但也错落有致，天井院落，方正水池，回廊曲桥穿插其间，园内汩汩流淌的水带把饭店与城区河道相连，江南水乡韵味十足的乌蓬船可以从饭店缓缓摇向城区水网河道，小桥流水的庭院意境与水乡泽国完全融为一体。室内大堂以兰花为主题的装饰，幽雅清淡，耐人寻味，传统的“格扇”木装修转化为多种吊顶、屏风，朴实而自然；“咸亨酒店”命名的小酒楼，“绍味”格调十足，让中外游客领略到了我国江南水乡浓郁的人情民风。绍兴饭店是座现代化设备的饭店，但在结合传统民居形式上有所创新，尊重并丰富绍兴民居形式，与周围环境十分和谐，身临其境，水、山、园、建筑皆感亲切、得体和迷人。

继承绍兴民居的精华，探索绍兴这一江南水乡的艺术神韵，力求现代建筑功能、技术与传统建筑文化的结合，才能使得绍兴水乡民居中的优秀文化遗产得以发展下去，不断有所创新。

作者单位：浙江省建筑设计院

•1993 年在杭州参加学术会议。(左起：汪定增、方鉴泉、唐葆亨、张镈)

•1993 年在杭州召开建筑前辈座谈会。左起：严星华、方鉴泉、汪定增、张镈、赵冬日、莫伯治、张祖刚(唐葆亨摄)

1984 1992 2017

浙江地域的传统和建筑形式

唐葆亨

【提要】 一、浙江民居特点。二、浙江传统民居建筑的三种主要类型。三、继承与创新、传统的复苏与发展。

浙江省位于我国东南沿海，面积十万平方公里，全境以丘陵和山地为主（约占总面积70%），东北部为冲积平原，水网密布，气候温和，物产丰富。

浙江的历史悠久，约在六千九百年前就有原始氏族部落——余姚县河姆渡遗址。还有中国的历史文化名城与古都杭州和绍兴，留下了丰富的名胜古迹、民俗风物等宝贵文化遗产。

富有地方传统的建筑形式“浙江民居”也有悠久的历史，特别在明、清二代分布全省各地，它积累了丰富的修建经验和创作实践，是我国建筑艺术宝库中的珍贵遗产。

一、浙江民居特点

充分考虑气候条件是浙江民居的特点之一。浙江风向全年以北风和西北风频率最高，春夏季多东南风，秋冬季多西北风，冬季多考虑日照，因此房屋多面向南向或东南向。暴雨季节有洪水，当在河网地带临水布置民居建筑时均考虑了水位的变化。由于气候湿热，民居建筑为东西长、南北短的矩形平面，房屋进深大，坡屋顶，出檐远，较多的采用阁楼、敞厅、天井以及装有灵活拆装的间壁，构成开敞通透的平面布局。民居中的天井较好地解决了湿热地区通风、采光和屋面排水等问题。有的通过内天井设置水池和绿化来调节小气候，以上都是由于气候条件而形成各具特点的地方传统民居建筑。

结合环境利用地形是浙江民居的特点之二。浙西北、浙中、浙南地区多山，山地民居多建造在山坡地段；而杭嘉湖和宁绍平原地区河渠纵横，水网地带民居则多沿水而筑，也有依山傍水利用自然环境，顺地形地势修筑。在山多水多，地形比较复杂的地方，山村民居不象平原水乡地区的建筑那样平面方整、对称，而是善于利用地势改造自然；为能适于生活，还考虑位于阳坡而建，避免山阴部分和遮挡冬季的北面寒风，从而形成了平原水乡和丘陵山地的民居特点有所不同。

就地取材是浙江民居特点之三。浙江有丰富的地方建材资源，如木材、毛竹、石料、砖瓦等，从结构用材到建筑装修用料都是就地取材。还有大部分地区的土壤适于夯筑，夯土墙与灰土地面在浙江民居中占很大比重，特别在山区用得普遍。有的山区大量开采石板、石块，以石结构为主要地方材料修建山村民居。平原水乡、沿海地区用空斗砖墙，砖瓦多在山区附近地区生产；产木材地区以砖木结构建造民居，还用硬木做精细室内木雕装修，在墙头，入口门窗檐部用砖雕、石雕进行重点装饰，成为浙江

1

2

1.2.绍兴民居

3.4.东阳卢宅

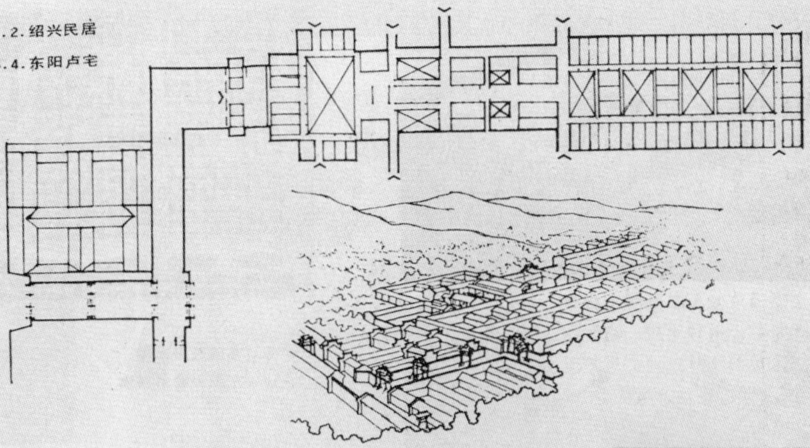

3

地方建筑艺术中负有盛名的“三雕”。从而形成就地取材的传统特色和乡土气息。

二、浙江传统民居建筑的三种主要类型

（一）平原水乡——绍兴民居

水乡绍兴，早在春秋时期（472年）即为越国首都，南宋时又曾作为陪都。绍兴境内河渠纵横，湖荡密布，素有“水乡泽国”之称，盛产石料与砖瓦。以上诸多因素对绍兴民居有着重要的影响。如建筑平面规整，造型简朴，色彩淡雅，多以砖木结构为主，外墙空斗砖砌，白墙青瓦有着强烈对比。另一特点是临水而筑，沿水面都开有后门，厨房设置在靠水面；有的还设外廊，用条石砌筑踏步通向水面，设私家码头，便于居民在此上下船和生活洗涤；有的住宅没有条件设私家码头时，也要在河道水面开一门做一石板挑台。水乡民居多数都向河面借取一定空间以收调节气候之效，如有的挑出靠

4

11

5

6

7

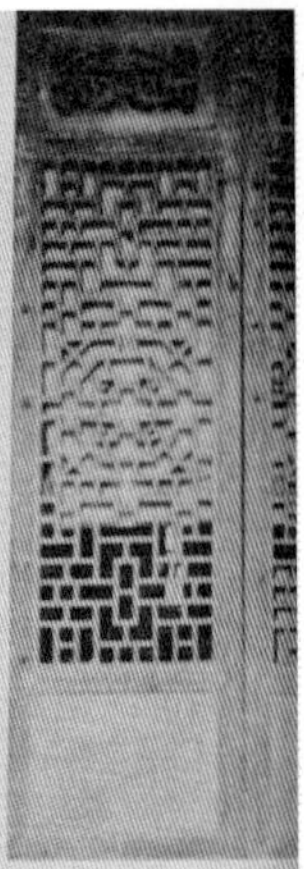
8

10

9

5～9、东阳民居木雕

10～14、东阳民居马头墙

11

12

13

14

42

1927 1945 1958

15、16、
兰溪民居

16

背栏杆和挑出檐廊等。临水民居运用以上种种出挑做法，便利生活，丰富了建筑形式，形成江南水乡的独特风格。

（二）丘陵盆地——东阳、兰溪民居

东阳位于浙江中部，山多地少，外出做工的人多，素有“百工之乡”之称，各种工匠遍布全国各地，其中建筑业工人约占60%，尤其专长木雕，技艺精湛。北宋时东阳木雕的雕刻技法已有很高的艺术造诣。至明末、清代进入全盛，极大地丰富了民居建筑。其代表作品有东阳卢宅明代建筑群，还有清代东阳马上桥一经堂花厅等。卢姓居民六百多年来一直在此聚族而居，是一典型封建家族集居点，村居三面环水，南面临街，西有卢氏宗祠大厅——肃雍堂，建于明代景泰七年（1456年）。东阳民居运用大量雕饰，木雕、砖雕、石雕等。在色彩处理上用本色木梁、木柱及木雕装饰、配合素砖粉墙，整体效果好，与绍兴民居的风格截然不同。

兰溪位于兰溪江畔，素有“水陆码头”之称，受到外来影响较多。它的传统民居建筑、室内木雕装饰不如东阳那么华丽精细，但也有极为浓郁的乡土气息。比较典型的民居平面规整、大多有院落及室内天井，有明确的中轴线，左右对称，有的具有多进的内天井，构成丰富的、多层次的空间。兰溪民居的外貌，常以四周封闭式多进深的住宅为主体，四周白色高墙围护，形体庄重。山墙、马头墙在东阳、兰溪一带较为普遍，在外形上，有水平封闭型和阶梯马头墙。在城市由于防火需要，多采用水平封闭，形成周围等高的厚实高墙。出入大门多用当地青石框作为突出入口的装饰，门框上方有门罩，形式有简有繁，有的用木构架小青瓦复盖，也有的是在

43

17

18

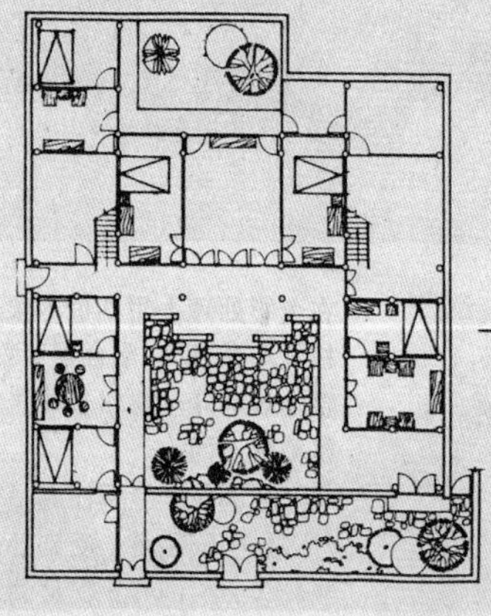

19

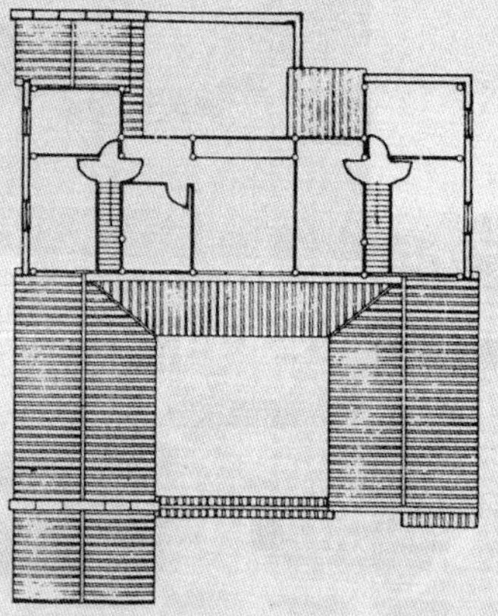

20

21

17～20、天文台民居三逸阁

21～22、胡庆余堂

22

44

砖墙上叠砌出挑檐翘角等地方传统形式。

（三）浙东南山区——天台民居

天台，全县以山地居多，四周高山环绕，峰峦起伏，至今尚遗留有清代的民居建筑。在城区建有度予亭、三逸阁、荷花地三座组合在一起的院落民居，这三座院落民居虽相互毗连，但又各自单独建造，内庭院多为正方形，院落大门并不一定开在正面中轴线，形成一种特有的地方风格。内墙及门窗全部为涂有黑漆的木板，木板可以拆卸。小庭院尺度小、有高墙围绕，由于在院内设有精致的假山、绿化，使狭小的内院倍增情趣。在用材上采用地方建筑材料，如石板墙，做石雕漏窗，花墙等，显得轻巧多变。

三、继承与创新、传统的复苏与发展

“温故而知新”是中国的一句名言，调查、整理、保护、维修古建筑，不仅为了发掘和长期保留这些珍贵文物，更重要的是为了学习和继承，从而创新与发展。

近年来，我国重视地方传统建筑，在新建筑中考虑了现代建筑与历史传统的结合。例如绍兴新建的步行街建筑群以及在杭州、绍兴等地新建的一些公共建筑，都是我省建筑师探索地方传统建筑的尝试。

杭州是举世闻名的文化古城和旅游胜地，其中有于清同治年间创办的胡庆余堂中药铺，它是与北京同仁堂并称为中国南北著名国药老店，号称“江南药王”。该店堂前为营业厅，后为制药工场，营业厅前是具有江南园林风格的入口，布局独特，装修精致，是我国罕见的工商业性质古建筑。前年政府拨款，根据原样加以修复，使一百多年的老店得以复苏，最近杭州市政府决定在吴山麓、大井巷地区规划兴建以胡庆余堂为核心的中国传统中医中药的保健旅游中心，目前正在进行规划。借鉴和探索，继承与创新，是我们建筑师的重大使命，特别是二十世纪八十年代，在建筑创作中如何继承地方传统特色，以及传统建筑如何与现代建筑密切结合等问题已引起人们的关注。吸取传统民居的精华以探求现代建筑的新形式，探索、实践、提高，“源于传统，高于传统”，是我们的出发点。我们试图通过这一途径，使地方传统建筑得以复苏，更好地促进现代建筑的发展。

拳拳的情谊　深深的怀念

——忆建筑大师佘畯南

唐葆亨

1998年7月30日接到广州市设计院意外的电话，惊悉佘总病故的噩耗，当时真不敢相信，次日去电讯问，佘总毕竟是离开了我们。岭南建筑一代宗师，为祖国建筑事业作出了卓越贡献，为祖国的建筑能跻身于世界之林努力奋斗了一生，他是青年的导师，是我的挚友，时时想来，深感悲痛和怀念。

为人喜悦的有生命的建筑”的观点所打动，我们真是相见恨晚，从此，我们就熟识了。

70年代初当时周总理批准新建杭州剧院，我有机会去广州参观学习。到了广州首先拜访了佘总，受到他的热情接待，他毫无保留地详尽介绍由他亲自设计的友谊剧院，受益匪浅，他那种开拓创新意识，善于把现代建筑引入岭南建筑创作中去，特别提到建筑在必须满足功能的前提下不能忽视经济的制约，建筑创作须从国情出发。在设计友谊剧院中围绕着低造价、高质量的主题，妥善解决诸多问题，做到平面紧凑，布局合理，充分利用空间。最值得学习借鉴的是在精打细算地使用材料方面，认为节约材料是“低造价”中重要的一环，并采取了“高材精用，中材高用，低材广用，废材利用，就地取材”的措施。对材料的运用，对建筑标准的选择，做到了“应高则高，应低则低，高中有低，高低结合”。虽然建筑材料是重要因素，但不搞“唯材料论”，认为花钱多不一定能创作出好作品，而好的作品应是花钱少效果好的精品，这些谆谆教导和经验之谈，体现了佘总对人民对国家的极端负责。友谊剧院的成功设计，由于它的简炼、朴实、切合国情民意，而不在于豪华与气派，受到全国建筑界关注。即

我与佘总结识是在60年代初。1959年秋我在老一辈建筑学家赵深老师指导下设计杭州饭店会堂工程，经常听到赵老提及佘总，赞其为人正直，治学勤奋，不时流露出赵老对佘总的尊重。60年代初佘总应邀来杭，一见面，他那谦逊态度，坦荡风范，一下子拉近了距离，在促膝长谈中深深为他“建筑为人而不是为物，建筑是对人的研究，了解人才能设计

使在改革开放20年后的今天，经济与物质条件好了，我们仍然要坚持佘总倡导的重视节约，处处注意效益，珍惜有限的建设资金，使祖国的经济建设获得持续的发展。

佘总是一位对事业十分执着的人，他把生命的分分秒秒都用来为祖国的建筑事业服务。记得1994年国庆节，佘总年事已高，由于声带疾病到大洋彼岸小憩，尽管洛杉矶风光旖旎，“海滨清风随来，早晚信步于绿荫幽径”，但他仍念念不忘祖国的建筑事业，订出计划，要“完成访问学府与设计事务所”，从他给我信中的字里行间，跳动着一颗赤子之心。他淡泊名利，他常常说“宁可无得，不可无德”，他把功利看得很轻，对是非争执坦然处之，有一年他给我的贺年目卡中就写道“天下事，了犹未了，何妨不了了之”，体现大师的宽广胸怀，使人有仰之弥高之感。

佘总虽然离我们而去了，但他的精湛创作与世永存，他的敬业精神和大师风范，永远激励着我们，他的音容笑貌永远伴随着我们迈向繁荣祖国建筑事业的大道上。

作者单位：浙江省建筑设计研究院
（收稿时间：1998年12月）

传统与现代建筑文化的融合

——独具特色的绍兴饭店改扩建

唐葆亨

江南古城绍兴，素有水乡、桥乡之称，湖泊棋布，河道纵横，“垂虹玉带门前事，万古名桥出越州”，这一独特的环境，导致了精湛的地域传统建筑文化，如何使改建、扩建绍兴饭店既承脉古越建筑文化，又具有现代建筑的风韵和功能，是值得思考和探索的。

近几年来，浙江省建筑设计院在建筑创作中对传统建筑文化进行了探索和研究，特别是在绍兴古城更引起我们的重视，绍兴饭店即是其中一个突出的实例。饭店原是几幢很有浓厚地域传统特色的古老建筑，布局严谨，建筑空间处理有着绍兴地方风格。在改扩建工程的建筑创作中，首先研究了原有老建筑与新建工程所处的地域风格，运用庭院空间和建筑小品进行组合；采用现代建筑技术与建筑材料诸要素来改造老建筑，扩建新客房，整治环境，从而获得较好的社会效益、环境效益和经济效益，得到建筑界同行和国内外旅游者良好的称誉。

改扩建后的绍兴饭店，古朴典雅，配合小桥流水的庭院意境，大大小小14幢建筑群粉墙青瓦，新旧建筑以二层为主，局部高不过三层，但也错落有致，江南民居的天井院落，方正的水池、回廊曲桥穿插其间，无不与水乡泽国融为一体，这就是绍兴“乡土”建筑艺术

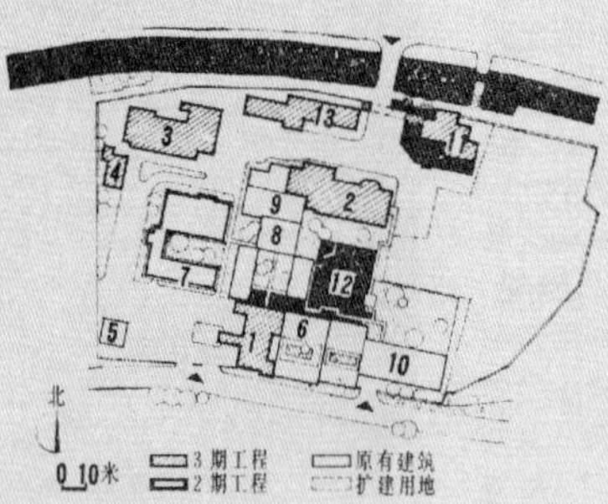

总平面

①总服务台；②餐厅；
③附属用房；④配电；
⑤1号客房；⑥2号客房；
⑦3号客房；⑧原有餐厅；
⑨厨房；⑩4号客房；
⑪商店；⑫水池曲桥；
⑬5号客房

1927 1945 1958

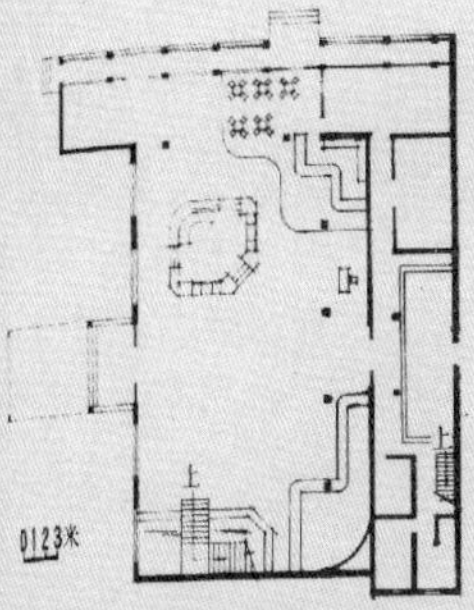

总服务台平面

餐厅前连廊、水池、乌篷船

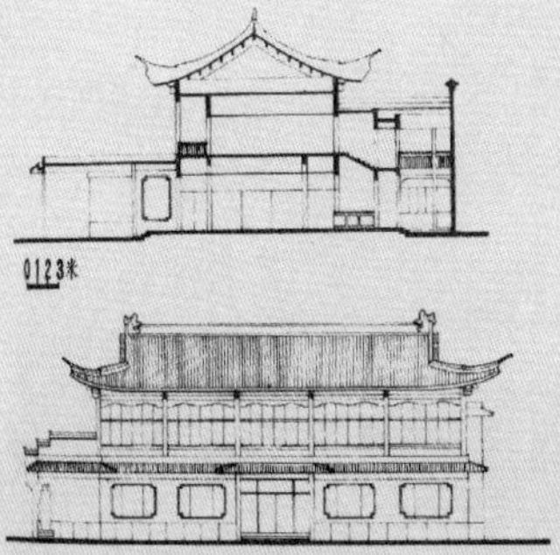

总服务台立、剖面

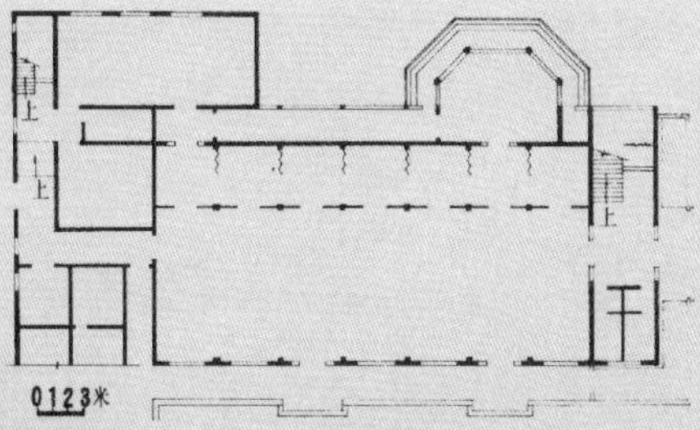

餐厅平面

餐厅立面

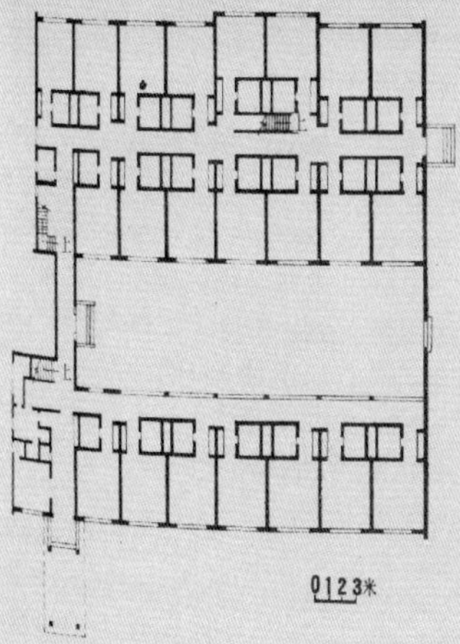

3号客房平面

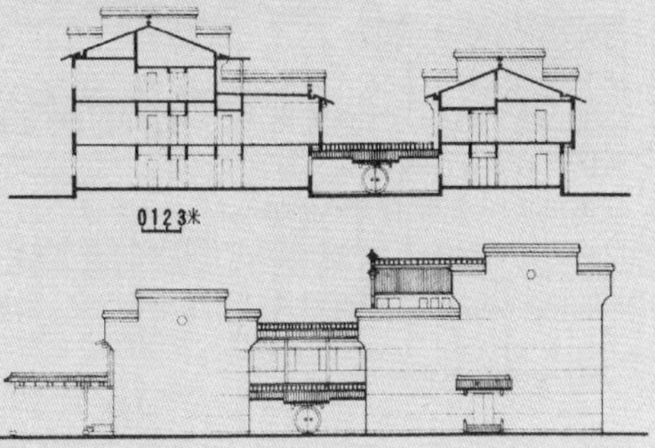

3号客房立、剖面

大堂总服务台

大堂二楼会议室

利用老建筑装饰的咸亨酒店

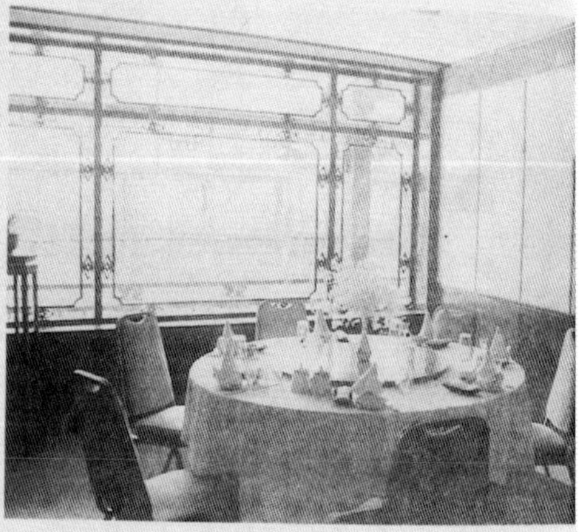

利用老建筑装饰的小餐厅

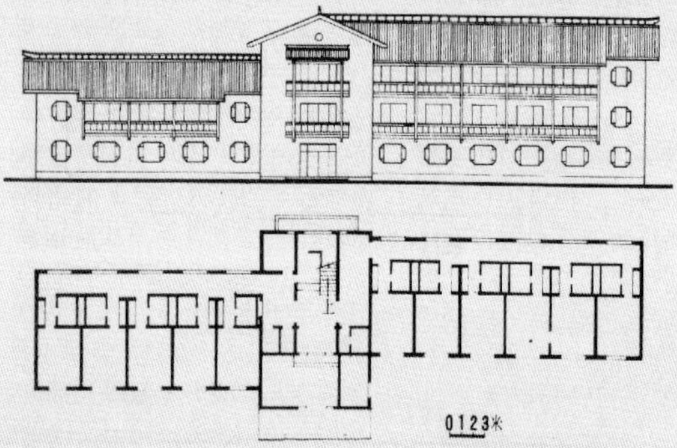

4号客房平、立面

精髓所在；园内汩汩流淌的水带把饭店与城区河道相连，富有绍兴水乡韵味的乌蓬船可以从饭店内缓缓摇向城区水网河道。饭店的室内大堂内，以绍兴市花——兰花为主题的装饰，幽雅清淡，耐人寻味；传统的“格扇”木装修转化成多种吊顶、屏风，朴实而自然，一片浓浓的乡土味；一座以“咸亨酒店”命名的小小酒楼，一盃醇醇的绍兴老酒，一碟香气扑鼻的茴香豆，滋味悠久，十足

52　建筑学报1991—11

具有绍兴传统建筑特色的西餐厅

绍兴特产小商店

3号客房楼

新建连廊

的“绍味”格调和情趣，仿佛回到鲁迅笔下的意境中去了。

改扩建后的绍兴饭店，让身居其境的中外游客领略到了我国江南水乡浓厚的人情民风，他们对饭店浓郁的地域传统建筑风格赞叹不已。开业一年来，被国家评为三星级宾馆，成为绍兴市唯一能接待外宾和港澳同胞的旅游饭店，期间已先后接待众多的国外友好城市访问团和上万人次的国内外观光者，取得了非常好的经济效益。该饭店扩建投资不多，规模不大，现有客房428床位，但是由于建筑师在创作中体现江南水乡的环境特色，继承绍兴地方传统建筑的精华，探索我国传统建筑艺术的神韵，渴求现代建筑功能，现代建筑技术与传统建筑文化的结合，加之饭店设备完善，服务水准一流，使床位利用率达到80%以上，营业额达到900万，利润260多万，为改扩建前年营业额的9倍左右，成为“合理改造、节省投资、注重经济效益”的典型建筑工程实例。

目前饭店东部将进行以娱乐中心、购物中心、饮食店铺等临水建筑为主的，以及沟通内部水系连接城区河道的绍兴“鲁镇水乡城”规划，从而逐步形成富有新意的江南水乡特有韵味的意境。

设计人：陈静观、谢永锦、龚景超、蒋家兰等

作者单位：浙江省建筑设计院

后记

作者蒋纹与唐葆亨合影

1927 1945 1958

后记

第一次见到唐葆亨先生是在1991年。那年，我即将大学毕业，正在找工作，我揣着王文卿老师的推荐信，如约去见浙江省建筑设计院的总建筑师。我非常紧张，因为这是我唯一心仪的单位，我不知道这家著名设计单位的总建筑师会是怎样的严肃、严格和严厉。我在他办公室门口忐忑了好久才走了进去。我看见里面坐着一位儒雅温和的长者，他穿着一件考究的西服，戴着一副大圆框眼镜。他似乎看出了我的窘态，微笑着说："我听说来了一位小老乡，我正想听你聊聊兰溪。"听他这么一说，我顿感亲切，满脑子的疏离感一下子就消失了，眼前只是一位和蔼可亲的老乡。

我记得那天我们一直在聊兰溪，兰溪的西门城楼、兰溪电影院、兰江大桥、中山路、人民路，都是我最熟悉的地方，我讲得很高兴，他听得很认真。从他办公室出来后，我都没法想我能不能通过面试，因为我不知道今天是否进行了面试。

多年以后，我才知道，兰江大桥的盘道就是唐总的创意，盘道的设计很好地保护了兰溪中山路和人民路两条最重要的

1975年兰溪兰江大桥盘道。盘道的设计不仅较好的解决了城市的交通问题，盘道下面的空间也获得了有效的利用

商业街。西门城楼是兰溪古城的标志，兰溪电影院则是唐总献给兰溪新城的“礼物”。我童年时代一直在享受唐总带给家乡的 “福利”。

唐总第一次指导我做设计是在1995年。当时金捷、沈雷和我，三个年轻人一起参加宁波发展大厦的投标。按照唐总的要求，我们要做多方案比较。面对这块狭窄的基地，我们向唐总展示了三个方案，1号方案的主楼平面是圆形的，有完整的平、立、剖面图，甚至还有详细的标准层平面；2号方案是方形的，3号是三角形的。后面两个方案只用一张草图，潦草地示意了一下。

唐总听完我们的方案介绍后，先是表扬了一番，然后挑出简陋不堪的3号方案，说：“我最喜欢这个方案。”在我们目瞪口呆的神情的下，他继续说：“但是三角形的空间利用率比较低，如果采用八角形的平面，效果会更好，你们可以通过平面的渐变，将主楼削出一个好的造型。”

从唐总的办公室出来后，我们都很沮丧，因为这几天辛辛苦苦画的1号方案，全白费了。

一个月后，当我们在投标现场看到其他几家的方案模型时，我们惊呆了。他们不约而同地选用了圆形平面，在一堆“胖圆筒”中，我们的方案鹤立鸡群，显得挺拔而优雅。这时我们才意识到，如果不是唐总的阻止，这里就会再多一个“胖圆筒”。

那次，我们的方案高分中标。

在之后的许多年里，我参加了很多由唐总指导的方案投标，中标率非常高，我每次问唐总：“为什么您指导的方案又中标了？”他总是笑着说：“那只是运气比较好罢了。”我还想，唐总可能是史上运气最好的建筑师了。

2012 年，为了我院的 60 周年庆，我负责收集整理与院史相关的各种资料。因为唐总是唯一一位完整经历了我院 60 年院史的员工，所以我决定对他做一个详细的采访。

每天早上，他都会按时来接受我的“盘问”，起初我觉得他很“啰嗦”，因为他牵出了很多与我院“不相干”的人物和事件。随后我意识到他是用更广阔的视野在回答我的问题，我开始刨根问底，他总是有问必答，我感觉到我正在挖掘一座“金矿”。

以至于在院庆活动结束后，我每天仍然持续了这个采访，随着他的经历一点一点地展开，这位躲在“运气”背后的高人逐渐清晰起来。哪里有什么“运气”！而是他的学识、阅历、勤奋和睿智。他是一座宝藏，他是一笔财富，他是一位大隐于市的智者。他以出世的态度做人，以入世的态度行事。他有坚定的文化自信，无论处于怎样的境地，他都能成功地践行他的建筑理念。

我觉得必须将他写下来。他的职业生涯都是在完成一个重要的使命，他的一生都在致力于传承和发展中国的传统文化。往前看，他的成功是蔡元培美育教育的重要成果；往后看，他的成功是我们建立文化自信的重要案例。

我怀着恭敬之心，但我是用写设计说明的手，写一位建筑大师的人生说明，写得佶屈聱牙，平淡无奇，但我还是设法写出来，因为我希望这些文字能成为研究唐葆亨先生的重要资料，能为今后写一本真正的唐葆亨传创造条件。所以，这本书还收集了唐葆亨先生各个时期

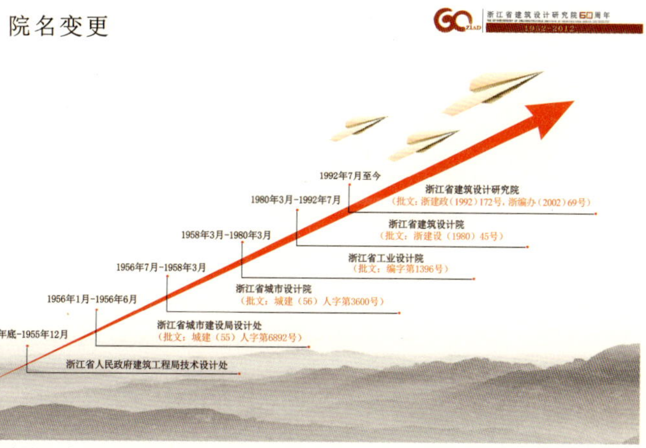

•浙江省建筑设计研究院 65 年间的 6 次更名图

发表的重要论文及其相关的重要文献，他参加各种学术活动时的留影，以及他收藏的各种设计手稿和美术作品。

1951 年，唐葆亨分配到“浙江省建筑工程公司设计室”，这个“设计室”就是“浙江省人民政府建筑工程局技术设计处”的前身，经历 65 年的发展和 6 次的更名，成为今日的“浙江省建筑设计研究院”。唐葆亨一直在为这个单位工作，只是不同时期有不同的单位名称，为方便读者阅读，列出了“浙江省建筑设计研究院”65 年间的 6 次更名图。

特别感谢彭一刚先生和钟训正先生为本写书的序言。特别感谢董孝论先生为本书提的许多很好的意见和建议。感谢唐葆堃、方子晋、黄笑冬、曾莹、冯冬勤、奚江琳、郑碧峰、汤小桃、吴丹、胡芳为我查找或提供各类文献和资料。感谢编辑吴卉为这本书的出版而做的大量工作。感谢所有帮助和支持我写这本书的朋友们！

蒋 纹

2017 年 10 月

于杭州安吉路 18 号

1984 1992 2017

唐葆亨

图书在版编目（CIP）数据

建筑师唐葆亨 / 蒋纹著 . -- 北京 : 中国林业出版社, 2016.9
（建筑名师系列丛书）
ISBN 978-7-5038-8679-9
Ⅰ . ①建 … Ⅱ . ①蒋 … Ⅲ . ①唐葆亨 – 生平事迹
Ⅳ . ① K826.16
中国版本图书馆 CIP 数据核字 (2016) 第 204862 号

建筑师唐葆亨

蒋纹 著

责任编辑 吴 卉 高兴荣
书籍设计 黄晓飞＋刘枝忠
出　　版 中国林业出版社
（100009 北京西城区德内大街刘海胡同 7 号）
E-mail jiaocaipublic@163.com
电 话（010）83143552
经 销 新华书店
印 刷 北京雅昌艺术印刷有限公司
版 次 2018 年 3 月第 1 版
印 次 2018 年 3 月第 1 次印刷
开 本 889mm×1194mm 1/16
印 张 17.25
字 数 390 千字
定 价 198.00 元